家庭裡的對話練習

張輝誠的薩提爾實踐

學思達教育基金會創辦人
張輝誠 著

推薦序

從這本書出發，開啟家庭中愛的流動

林怡辰

「父親」在台灣的教養裡，總是很微妙的存在。

在書籍的排行榜上，親職專家、醫師、心理師、職能治療師，「師」字輩的專業光環，輕鬆寫意的育兒步驟和順序，在書裡閃閃發光。在女性寫的教養書裡，父親常常都擔任「迷人的反派角色」，襯托出智慧和覺察的本體，反射出不安和焦慮，還有錯誤的對話類型。而一般在臉書文（大多都是媽媽發文）裡，最常見就是「豬隊友」、「神隊友」的超級反差，「隊友」的表現，似乎常非黑即白。

我常在別人的家庭裡，看見「父親」角色的難處。別人的期待中，當媽媽不簡單，當爸爸又何嘗容易過？既要這樣、又要那樣、最好還有、爸爸像山、可現在又要像水。我們的爸爸是這樣，現在又常常要跳脫那樣，要這樣。不同的時代背景、不同的世代經驗，有著相同的迷惘和掙扎、一樣的反覆斟酌和夜深人靜的煩惱。

當我拿到張輝誠老師的新書《家庭裡的對話練習》，看到的並不是什麼大師、專家、學者，我只看到和我身邊一樣的一個普通父親：跌跌撞撞、錯誤連篇、常常沒有達陣在對話裡抓住一顆顆珍珠；常常失敗、很多不足，卻又不斷前進的父親旅程。

在書裡，看見輝誠老師和自己父親的連結。在那些舊時代的父親印象裡，專制、嚴肅、不苟言笑、壓抑的父愛，在多年後，被轉譯成愛的印記，連結的彼此，卻可以有能力從舊經驗提取愛，轉成其他不同的故事，接納、表達渴望、傳遞愛的印記。

我很喜歡輝誠老師的文字，坦誠、清晰、富有邏輯、兼具感受接納，更多的是詳盡的對話思考，還有不斷反思、覺知、後設認知。原生家庭的經驗怎麼應對、該怎麼連結紛亂的自己？自己的連結落空，怎麼放手讓孩子選擇？對於上一代的難處，又怎麼回過頭愛當時的自己、寬容以對？每個都是大哉問，但我在閱讀的過程中，著實又哭又笑，滿滿的被療癒後，開始嘗試。

且，世上，哪裡只有父子關係這麼簡單？〈熱茶燙燙〉拉出了孩子和上一輩的關係；當孩子和另一半關係緊張時，〈教孩子欣賞與感謝〉可以當真正救火隊；自己和價值觀不同時，〈你會選誰？〉，我看到了可以怎麼面對自己的失落和執著；孩子和其他同學發生爭執等，〈「爭執」與「解爭執」〉，連結自我、安頓自我、還能連結安頓他人……。

我也是「媽媽初學者」，跌跌撞撞這樣走來，那裡後悔一點、這裡擔心一些；今天反省覺知、明日又渾渾噩噩。育兒修行中，看誰都是豬隊友。最後讀到〈再會囉，我的心肝阿母〉，依然忍不住落下淚來。愛那麼深、那麼寬廣，當父母雖然不易，但生命這麼短暫、這麼急促，從這一生，到當下這一刻，從父母角色到照顧內在自己的諸多面向，但我相信，從這本書出發，我們都可以隨時選擇故事的走向、愛的形式，還有流動。推薦給您！（本文作者為彰化縣原斗國小教師）

推薦序

從安頓走向連結

蔡淇華

想一想，每天回到家，你問孩子的第一句話是什麼？是「今天考得如何？」還是「今天快樂嗎？」你有表達好奇，而且是正向好奇嗎？這些細微的關心，真的會帶來人間最珍貴的愛與連結。

我們來看看輝誠老師與張小嚕的問話順序：

今天心情怎麼樣？

今天有好事發生嗎？（可以再接著問，有壞事發生嗎？）

今天有好收穫嗎？

有需要爸比幫忙的地方嗎？

這些對話都是輝誠老師內化薩提爾的理論後，所產生的「教養練習」，也是這本書的底氣與價值。

如同大家都聽過的薩提爾冰山渴望層：愛、被愛、被接納、被包容、有意義、有價值、自由，但要如何輕易抵達，才是大眾最想得知的。如同崇建老師告訴輝誠老師，要了解薩提爾，要從「實踐」出發，所以輝誠老師就從親子的實踐中，一次次示範薩提爾的核心價值。

輝誠老師先從「安頓自我」出發，分辨出「此刻我」與「覺察我」，然後做到「平和、不指責、不討好、不超理智、不打岔」的「一致性的應對」。慢慢的，輝誠老師體會到，孩子滿不滿足我的期待，都絲毫不影響我對孩子的愛與關心，因為不帶觀點與期待，才能做到真正的「表達渴望」，與全然的「接納」。

這本新書不啻是二十一世紀最需要的「教養大全」，因為輝誠老師提出一個個實例與練習，讓我們學會如何帶孩子一起「看待輸贏」、「釋放恐懼和焦慮」、「正向轉念」、「面對爭執」、「表達欣賞與感謝」，最後能夠「用關心和愛取代命令」。

記得二〇二〇年與崇建老師敘舊時，他與我聊起輝誠老師：「你知道輝誠有一個心智年齡只有六歲上下的阿母嗎？他照顧他阿母的故事，真的好令人感動！」

當讀到這本書的最後一篇〈再會囉，我的心肝阿母〉，相信大家一定和我一樣，在感動的同時，也學到如何在實踐中內化薩提爾的愛與溝通：

我讓張小嚕再親一次阿嬤的額頭，跟阿嬤說：「阿嬤好好走，記得往有光的地方走。」

我阿母的心跳就停止了。

謝謝阿母。

謝謝輝誠老師，台灣有你，有這一本好書，真好！（本文作者為臺中市立惠文高中教師兼圖書館主任）

目錄

輯二　我的教養體悟

輯三　我與嚕嚕的薩提爾練習——關於學習、成績

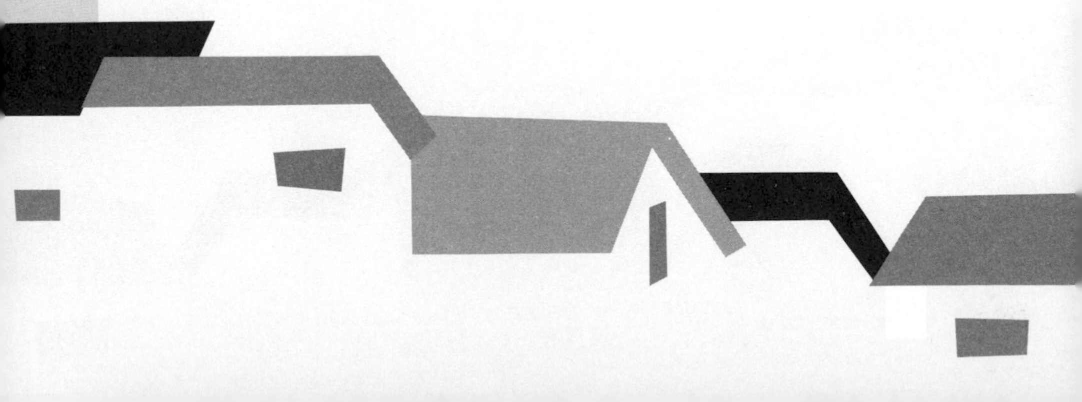

導讀

教養的豐盛呈現

李崇建

到海外演講的時候，會有一些零星空檔，這種時刻適合外出散步，認識一個新的城市，或者窩在旅館看書。二〇一三年我去新加坡，在旅館休憩的空檔，這一次我選擇看影片。

我在網路上看到「學思達」，好奇看了一點兒評論，再看到張輝誠的名字，吸引了我的關注。二十年前我關注文學獎，除了留意文學獎訊息，也留意各地得獎者是誰？

張輝誠的名字我不陌生，他是文學獎常勝軍，文章我讀過幾篇，我心裡的評價是：文字中肯、樸實無華、從日常的平凡，照見生命深刻之美，咀嚼之後頗有滋味。

我想看張輝誠的學思達，起心動念無非是好奇：早年投身文學的創作者，我們竟有相同的軌跡？關注教育的發展與創新。

看完輝誠的學思達演講，我看見箇中美妙之處，一如當年他的文章，樸實卻有其底蘊，咀嚼後有諸多滋味。因此我寫了一篇文章，表達我對學思達的欣賞，那是我與輝誠相熟的起點。

學思達與薩提爾

二〇一四年我與輝誠一同受邀，去南京分享教育理念，輝誠與我初次相見，彼此有一段深刻互動。輝誠常說自己的客套，以及當時暗暗較勁兒，亦常提及他過往的姿態，帶著浮誇驕傲與自大，他一路轉變的成長歷程，對比我當年的「自然溫暖」，還有我帶給他的影響，有著戲劇性的對比效果。眾人經常捧腹大笑，可見輝誠的坦然、幽默與善於覺察。

然而，我從未覺得他姿態欠妥，反而聽出他背後的聲音：對我的欣賞與看重。輝誠是這樣的人。

在我眼中的輝誠：溫暖、幽默、真誠、付出，為理想一往無前，極度保護他看重的人與理想。

他開始在學思達領域，導入薩提爾模式，讓實施學思達的教師，一一學習師生對話，並且逐年逐步深化，將個人覺察與成長、師生對話與班級經營，納入學思達教師基本配備。他的影響所及甚大，讓師生對話有了脈絡，不再只是空泛的概念，並且請教師擴大影響力，擴散成為一門課程，更運用學思達組織力量，啟動學思達教師的能力，擴散成教師、家長與學生的課程。

他更積極運用於自身，深化自我覺察的能力，運用於家庭之間互動，並經常與我討論，或者興奮與我分享，他在薩提爾模式的洞見。

我多次看見有教師分享，上過輝誠課程的感動，以及上過課程的改變，曾有老師聽不懂我的課程，但在輝誠課程得到啟發。輝誠在這個領域的能力，遠遠超過我所擁有的部分，早已更精緻化與超前，創造出個人的洞見。這歸因於他的勤學，還有他不斷討論與嘗試，我對他非常欣賞與讚嘆。

父母的互動與語言

在寫這篇序之前，我回顧與輝誠的歷程，以及我對輝誠的印象，乃因本書多次提及我的名字，趁寫序之便補充資訊。

《家庭裡的對話練習》是一本重要的教養書，書中涵蓋了豐富的面貌，將教養的視野擴大了。

輝誠以薩提爾模式為基礎，以自我為開端，覺察自己的姿態、情緒與期待，與自己有更深的連結，再透過好奇、表達與討論，展現父子互動語言，呈現各種不同面貌，足供父母各種面向的對話。

因為家庭裡的互動，是孩子成長的重要基礎。

西方社會學家研究，父母回應孩子的語言，說話的單詞數量，都可能影響孩子發展；父母回應孩子的次數，是否足夠多、足夠專注，影響孩子人格的發展；

父母回應的語言內容，以及回應的態度，亦影響孩子的成長。

因為父母的互動與語言，影響孩子的腦神經發育。

父母多付出時間，與孩子高品質對話，對孩子有莫大好處。

至於父母該怎麼談、該談些什麼呢？《家庭裡的對話練習》包羅了情意對話、知性對話、愛的對話、處理爭執的對話、生活上的對話、看似隨興卻深刻的對話……，輝誠做了非常豐富的示範。

好奇與討論

《家庭裡的對話練習》大多篇章皆從日常生活切入，卻在深刻處開展，帶入價值感、意義感，也帶入哲學與思辨。比如與孩子談閱讀、書寫、成績、輸贏、獎懲與失落，延伸出許多知性對話，有助於孩子內在豐盛，也助於培養良好的習慣。

這些對話的呈現，我認為非常重要。

因為這些議題生活化，但是卻少人完整呈現。孩子在成長期間，經常會遇到功課問題，遇到輸贏、成敗與獎懲的問題，一般常見父母說理，少問孩子吸收了沒有？亦不了解孩子的內在，父母的語言偏向說理，或者不知對話如何展開？輝誠的對話帶來了示範，各位讀者不妨思索，拆解輝誠的對話方式：

輝誠如何起頭話題？這樣的起頭，在家庭裡是否常見？

如何在關鍵處好奇？你若回應的話，通常會是好奇嗎？若是好奇的話，你的好奇與輝誠有何差別？

好奇什麼樣的問題？你好奇的點與輝誠的，是否有本質上的差異？

輝誠並非都不表達，他的表達與說理，會進行到一個段落，再進行說理或者建議。你會如何表達與說理，或者繼續好奇下去？

書中除了生活的對話，也有面對孩子犯錯、意外與爭執，輝誠以對話進行教養，亦是夾雜著好奇與表達。好奇孩子為何如此？以回溯的方式，好奇孩子的過往，表達觀點、規則、期待與愛的連結，輝誠將對話詳細羅列，都適合讀者深度探索與思索。

分享、體驗與表達

輝誠在書中呈現教養，與孩子分享自己糗事，也與讀者分享對話不順之處，輝誠皆未視之為失敗，反而以全貌、幽默的眼光看待。我視為美好的示範，這是一種愛自己的表現。

書中提及「體驗」一詞，通俗的說法就是「感覺」。

薩提爾模式特別強調體驗。將體驗抽出來談，在教養的議題中，就是當父母說話、行動、管教，或者安慰孩子時，孩子是否能感到被愛？能否感到有價值？能否感到被接納？這是人類成長的基礎，薩提爾稱之為「連結渴望」。

以好奇的方式進入對話，較能讓孩子有發語權、讓大人了解孩子、讓孩子情緒流動，也讓孩子感到被尊重，這是教養的重要環節。

另一個重要的元素，就是表達內心深刻的部分，讓孩子透過大人表達，感到自己被愛著，感到自己這麼有價值，感到被無條件接納，孩子內在就擁有更多能量，帶在生命中一輩子，成為面對世界的勇氣。

輝誠將愛的語言表達，不只表達對小嚕的愛，也透過提問讓小嚕表達，「爸比曾經做過哪些事，你感覺爸比很愛你？」

這些對話在家庭中，不僅是愛的流動，也是愛的示範，讓孩子學習表達，也學習接收、接納、思考與體驗愛的本質。

教養書的豐富呈現

市面上教養書甚多，都有值得學習之處，但輝誠的教養書，呈現父母與孩子互動的本質，卻不特別標舉任何概念，逕自帶出教養的面貌，相當豐盛且容易理解。

輝誠是個努力的學習者，也是大器謙虛的學者。

他學習薩提爾模式，經常羅列問題提問，我記得他提出諸多狀況，問我如何應對說話？

每當我說出答案，他如獲得武功密技，拍案稱絕振筆記錄；當他有所收穫與心得，亦常興奮來電分享，更常公開對我的稱讚，大規模推廣對話脈絡，我只有滿滿的感動。

他是一個中文博士，是學思達創辦人，是觸角多元的創作者，卻如此豐盛且投入，讓薩提爾模式進入生命。我認為他是一個典範，這本書正如他一樣，也會是一個豐盛的典範。（本文作者為薩提爾推手）

作者序
從教養之路走向親子連結之路

每個孩子，都是父母珍寶，都擁有無限潛能。

張小嚕出生後，我對他的期待很單純，期待他能健康平安長大就好。隔了一段時間，期待又變多一些，期待他能一切順利，後來期待又更多了，希望他能多學點才藝、多學點學問，漸漸期待將來他能成功（或許他長大之後，還會希望他能早日結婚、娶妻生子，然後說不定又會莫名其妙開始對孫子生出許多期待，期待孫子健康平安、一切順利、期待孫子學點才藝、學問、期待將來成功、成功之後早日結婚生子……，如此循環不已）。

後來我逐漸發現，父母對孩子的期待，似乎只會越來越多，不會越來越少。

問題是，孩子為什麼一定要滿足父母的期待呢？孩子可以做他自己嗎？孩子可以不滿足父母的期待嗎？

當孩子不滿足父母的期待，父母怎麼辦呢？倘若父母和我一樣期待孩子將來成功，但成功的標準又是什麼呢？由誰來決定，什麼是成功，什麼是失敗？人生，一定需要由成功或失敗來定義嗎？

慢慢我才領悟出一個道理，我還是可以對孩子有許多期待，但這個期待只是我的期待，孩子願意滿足我的期待，固然歡欣；孩子不願意滿足我的期待，我也能接受。重點是，孩子滿不滿足我的期待，都絲毫不影響我對孩子的愛與關心。

每個孩子都是美好的獨立個體，將來會變成怎樣的人，身為父母的我，其實並沒有十足把握。別人的教子良方，或許可以參考，卻未必都能如法炮製、依樣畫葫蘆，尤其每個父母對孩子的期待各異、盼望各別。但我相信，父母對待孩子的溝通方式、對孩子傳達的愛與接納，讓孩子感受到自我價值感和自由，這些可能都是放諸四海皆準，歷久彌新而少有變異。

我能有這些體悟，許多源自於父母對我的愛，但這樣的愛，我發現需要更多的體驗、感受，以及在表達上、溝通上的技術認識與練習。我是當上爸爸之後，才開始學習、練習如何與小孩溝通，這些過程跌跌撞撞，從一開始會慣用過去原生家庭的經驗應對，到後來和李崇建老師學習薩提爾冰山對話之後，才開始有了截然不同的應對、溝通方式。

這本書，不是什麼教子良方，而是一位父親從跌跌撞撞的教養之路，慢慢走向怡然自得、悠然自在的親子連結之路的經驗分享，裡頭充滿父親的自省、覺察與進步，還有親子間的許多對話，當然更包括不吝惜於表達，分享愛、接納、價值感和自由，並且在這種狀態中，相互滋養與成長。

這是這樣一本簡單的小書，也許可以幫助親子間的內在連結變得更緊密、和諧、穩固，當父母連結了孩子的內在，孩子也連結了他自己，最終逐漸長成他內心期待的樣子，變得更有力量、更獨立、更勇敢，由此又從心底滋生出更多的愛、接納、價值感與自由。

親子間能有這樣的連結與相互滋養，是多麼美好啊。

輯一

父親這回事

01

胎教與家學

我所能傳給孩子的家學，或許就像父親跟我從小講儒家大道理、說書給我聽一樣。希望我的孩子將來可以很驕傲的對人說：我們張家的家學，就是從小我爸教我的這些。

早先，我們夫妻倆只想當快樂的頂客族。原因我自己也不太清楚，或許是覺得大環境不適合小孩生長，或許是自覺無力好好教養小孩，或許還想過著自由不羈的生活，也或許就只是不想生、還找來各種藉口搪塞也說不定。

隨著年紀漸長，親友間開始給予有形無形的關心、壓力。面對眾親友們強力勸說，心中定見絲毫不曾動搖。但隨著年紀增長，從前看到小嬰兒是一點感覺都沒有，甚至覺得擾煩，現在卻一反故態，越看越可愛，甚至想把他抱過來、親上幾口、貼在胸前、逗他笑、搖他入睡，這是過去不可能有過的感覺，現在卻越來越強烈。我想，天生的父性漸漸流露，也許是該要有個小孩了。

內人懷孕後，看了一些書，得知胎教頗為重要。因此在家除了播放古典音樂之外，我也開始在睡前為小寶寶來點兒胎教。起先不知道該教些什麼好，後來乾脆把我收藏的書畫冊拿來當教材。書畫冊中有圖像，有些還有書法、詩和篆刻。第一天請出大師級的畫家張大千，我精選了畫冊中幾幅作品，逐一為肚子裡的小寶寶講解。張大千上完之後，接著再教江兆申、溥心畬。這些都是文人畫大師，詩、書、畫、篆刻皆精妙，教起來也很開心。反正就是把我收藏的書畫冊重新回顧一番，可以一邊回味舊藏品，一邊教小寶寶，真是兩全其美。

同時我也在想，等小寶寶出生了，我要給他什麼樣的家教，或者更認真些，是給他什麼樣的家學。家教指的當然是個性、態度、行為規範、生活習慣、價值觀等等的培塑養成；家學則是家長在家庭之中為孩子所建立的學養根基，或者說是學術根基。我真正的國學啟蒙老師，愛新覺羅·毓鋆就曾經說過，台灣人最欠缺的就是家學。

毓老師說，師母的家學就是一部《昭明文選》，從小把整部書背下來，所以駢文極好。毓老師曾在課堂上默誦分隔六十年的師母從大陸寄來的信，信是用駢文寫成；至於毓老師，家學淵源，從小就在母親的教育之下，十來歲即背完四書五經。毓老師常說，他到現在為止，沒有一天是不在看書的，即使眼睛不好了仍是天天看書，之所以能夠如此，是因為他從小就把書全都記在腦海裡，所以只要在腦中回想，就能看書，哪怕眼睛不好了還是可以天天讀書。毓老師說，得這樣，才能叫家學。

所以我現在就得認真想想，要給孩子什麼樣的家學。

我的想法是，除了讓孩子學鋼琴（一切音樂之母）和英文（自然而然熟悉國際語言）之外，應該還要給予中國文化教養，所以得在小孩上學前，讓他默背幾本書才行。好比說詩歌易於琅琅上口，所以應該背上一本《唐詩三百首》才行；人生觀也很重要，儒家強調入世，所以《論語》很值得全背，孟軻口才好、文氣盎然，《孟子》似乎不該遺漏，《易經》讓人知機應變，豈能輕易漏過；道家曠達疏朗，《老子》才五千言，肯定是要全背，莊周逍遙自適，《莊子》內七篇背下來，可以游於四海之外；然後似乎還應該提供一些文學素養，鏤彩摛文的《昭明文選》卷數雖多，但總可挑揀幾篇菁華來默一默……。這樣東挑西揀，就有好幾份功課了。如此一來，除了考驗父親的毅力與恆心，也考驗孩子的耐心與學習。唯有如此，方才顯出家學之難能可貴。

我的確作如是想，我所能傳給孩子的家學，或許就像父親跟我從小講儒家大道理、說書給我聽一樣，那是他未受學校教育、自學識字有成，唯一可以勝任的家教方式，但他做到了、成功了，我當然也要做到才行。希望我的小孩將來可以很驕傲的對人說，我們張家的家學，就是從小我爸教我的這些。

但理想與現實總是有所差距，我會發現即使是我的親生孩子，也不一定要喜歡、會喜歡父母喜歡的東西，也並不是每個小孩都想學鋼琴、背古書，換句話說，孩子不一定要滿足父母的期待。重點是，**當孩子不滿足父母的期待時，父母如何面對自己的期待落空？又如何去和孩子溝通？即使未能被滿足期待，也一點都不影響親子間的愛與連結。並且，即使最終結果如此，也不妨礙了曾經一起學**

過琴、背過書的美好歷程。

家學內容原本就因人而異，關鍵是，親子之間的親密互動與文化傳承，這些更是彌足珍貴。

嚕嚕語錄

〔毓老師很厲害〕

晚上和張小嚕一起洗澡時，張小嚕忽然說：「爸比，我覺得毓老師很厲害。」

我感到好奇，問：「你怎麼會認識毓老師？你看了我寫的《毓老師真精神》嗎？」

張小嚕說：「不是，我是看了你買的《毓老師講管子》。」（喔喔，

張爸比有點期待落空）

我反問：「張小嚕，你怎麼判斷出毓老師很厲害？」

張小嚕說：「毓老師常常引用一兩句話，就可以延伸許多經傳來說明，讓原本尋常無奇的句子，忽然變得很有深意，而且結合真實生活情境，真的很厲害！」

我說：「張小嚕，你年紀這麼小，就能看出這些深意，爸比覺得你這一兩年進步很多！」

張小嚕說：「爸比，我曾經拿過這本書去學校晨讀，同學看到這本書還問我，什麼是管子（ㄍㄨㄢˇ·ㄗ）啊？」

我問：「張小嚕，你知道什麼是管子（ㄍㄨㄢˇ ㄗˇ）嗎？」

張小嚕說：「知道啊，就是管仲啊！」

我問：「你有學過管仲的成語、故事，或看過管仲的影片嗎？（我記得春秋五霸有出過連續劇，也許張小嚕有追劇過？）」

張小嚕說：「就是『管鮑之交』的成語，管仲是齊國的宰相，李白說，如果沒有管仲，我們都會成為野蠻人。」

我說：「應該不是李白，而是孔子說的，原文是：『微管仲，吾其被髮左衽矣。』」（張小嚕他老爸是中文系經學專業）

張小嚕說：「對啦！」

我問：「你怎麼會知道這句話？」

張小嚕答：「就是《毓老師講管子》這本書提到的啊！」

02

父子手牽手

忽然間，我感覺左手牽著張小嚕，小小的幸福洋溢著；而我空著的右手，我以為父親從未牽過我的手，一直感到小小的失落，但事實上我的右手始終被父親牽著……

我牽著張小嚕的手，他忍不住興奮，轉動圓滾滾黑眼珠，左看右看。先是看看左手邊北一女圍牆上幾株大王椰子，接著又看右手邊馬路後介壽公園裡紅白盛開的杜鵑花，也許他還略抬起頭看了公園後的總統府。我怕他亂跑，一直拉著他的手，往幼兒園的方向前進，畢竟張小嚕當時才四歲。

拉著張小嚕的手，忽然間，我想起，父親和我似乎從未一起手牽手上過學

——不但沒有手牽手，甚至連一起上學都沒有。

那是兵荒馬亂後稍見喘息的一九七〇年代，我的父親從風起雲湧的時代中保家衛國、衝鋒陷陣的一名戰士，退役後成為四個嗷嗷待哺小孩的父親、不得不俯首於柴米油鹽的板模師傅。他睡得早，起得更早，沒有時間和孩子窮蘑菇，也沒有能力對孩子進行愛的教育。父親只朝二樓大喊一聲：「輝誠，起床了！」我若還貪睡，他絕不再喊第二次，直接上二樓，掀開棉被，朝大腿內側就是一大掌，我會痛得驚醒——滿腹委屈、滿腹憤怒。

現在我對張小嚕絕不這樣。張小嚕若還貪睡，我只是輕輕的吻他的額頭、左臉頰、右臉頰和下巴，把他吻醒。若還不醒，我會直接把他抱起來，讓他醒過來。

當時，父親差不多和我們一起一大早出門，他騎摩托車趕著去工地上工，我們四個小孩則是自行走路上學。我從小到大，從不知道原來上學是要讓父母載送，更不知道參加重要考試，父母是需要陪同的（我人生中各種重要考試都是一個人自己完成的）。不像張小嚕，每天上課都由父母接送，就連幼兒園的畢業典禮都慎重其事，阿公阿嬤還特地從高雄旗山北上參加。

是的，父親很少參加我的畢業典禮，只有在我大學畢業那年，他穿著老舊又不合身的西裝和我阿母特地搭統聯客運北上。典禮會場人太多，進不去，我領著他們在大熱天底下草草逛了一圈師大校園，最後我帶父親去看公布欄，裡頭有他兒子的名字，那是「師大傑出學生」的名單與事蹟。全校只有四位，他兒子是唯一大學部學生。父親應該是很高興，但他沒有表現得很明顯，帕金森氏症讓他的表情越來越僵硬、行動越來越緩慢，但是我知道他很高興，因為即使站得很辛苦，他還是堅持看完公布欄裡的每一個字。

讓我們再回到更早之前，起床的怒火。是的，各種壓抑的怒火，約莫到了青春期之後，我再也壓抑不住，一發不可收拾，我開始學會冷漠以對、學會出言頂撞、甚至離家出走。後來我慢慢察覺到，用高壓方式管束小孩，最後終究必須付出長遠代價，如同短期看起來有效的學校填鴨教育，最後終究要付出「厭惡學習」的長遠代價。於是，我開始慢慢學習如何平和的對待張小嚕，即使他容易發脾氣（我小時候不是不會亂發脾氣，而是不能亂發脾氣，因為會被父親責罰，所以刻意壓抑與忍耐，並沒有學會真正控制脾氣，以至於後來面對人際關係時，我習慣壓抑、直到壓抑不住，常常爆發導致決裂，如此反覆惡性循環罷了，這是很糟糕的處理方式）、愛貪睡、愛慢吞吞、愛玩，我都還是盡可能的努力和他平和溝通，即使有時候我也沒有做得很好，但是我一直努力著。因為我知道倘若不如此，張小嚕將來的內心狀態與人際關係必然又要和我一樣，跌跌撞撞。

我的努力，其實就像我父親的努力是一樣的。他常對我說：「要是我像你奶奶那樣，你早就活不下去了！」意思是我從未見過面的大陸奶奶，對我父親更為嚴厲，我父親很努力的避免像我奶奶那樣嚴厲，努力的對小孩好。這種心情，就像現在我也會對張小嚕說：「要是我像你爺爺一樣，老早就打下去了，還跟你講這麼多！」張小嚕也沒有機會見過他的爺爺，而他的父親也很努力避免像他的爺爺一樣嚴厲，努力的對他好。

換句話說，**每一代都有每一代教養的難處與辛酸，沒有誰對誰錯；當然，每一代都想盡辦法讓下一代更好，只是每一代有每一代的侷限、不足與不安，當下一代成為這一代，這一代又成為上一代，世代交替，終於懂得其中種種。也因為懂得，所以更加慈悲。**

我的父親只有小學四年級學歷，他一直期待我能當上老師，成為張家第一個博士。我後來終於不負父親所望，當上老師、也拿到博士，我感覺這是我少數能讓父親感到光榮的事。但是之後呢？我滿足父親期待的同時，也感到深沉的失落，因為我對中文學界學術研究的價值產生懷疑，後來有幸遇到祐生研究基金會林俊興董事長和毓老師，他們教會了我實學與助人的重要，我才發現幫助他人的快樂遠遠超過成就自己，這才徹底改變了我的人生方向。

握著張小嚕的手，我在心裡對自己說，即使我對張小嚕有期待，但我更希望能教會他對自己有期待，因為他的人生該由他自己定義，他的命運得靠自己掌握，他將來的成功是因為內心渴望成功，他的價值來自他的自我奮鬥與努力，他的快樂來自於內心的平和與力量，他的成就或許更來自於幫助越來越多人感到平和與喜樂——他，必須學會對自己的人生負責。

忽然間，我感覺左手牽著張小嚕，小小的幸福洋溢著；而我空著的右手，我以為父親從未牽過我的手，一直感到小小的失落，但事實上我的右手始終被父親牽著，也許父親的右手也被我的奶奶牽著。這段路，我和張小嚕手牽著手，但是在時間的長河，其實是我們四代人（也許還有更多代，只是我不認得他們）一起手牽著手，向前行走。

嚕嚕語錄

〔瞧我們一家子〕

家是幸福的港灣，每個人都有自己的家。當然，我也不例外，在我家中，只有爸爸、媽媽和我。我今天就來帶大家，瞧瞧我們一家子。

瞧！那是爸爸，一個性格時而暴躁、時而溫和的人。可是不知為什麼，爸爸學了薩提爾之後，就變得溫和又溫和。我爸爸的工作很特別，他是個老師，但不是一般的老師，他是個教老師如何教學生的老師。爸爸是個勤奮的人，可是他沒有固定的工作時間，所以他整天都忙於工作，就算這樣，他還是會抽出時間陪伴我，真是個好爸爸。

瞧！那是媽媽，也是一個時而暴躁、時而溫和的人。可是不知道為什麼，學了薩提爾之後，就好多了。我媽媽原本是北一女的老師，後來就專心在家陪伴我。媽媽很貼心，不管是對家人、工作夥伴還是外人都很好，就算自己累了，也會完成其他人給的任務。即使如此，媽媽就算身在百忙之中，也會努力陪伴我，是個好媽媽。

而我應該是這個家中最幸福的人，擁有好爸爸和好媽媽。我是個調皮活潑的小男孩，很多人都叫我小猴子，因為我平常總是活蹦亂跳，一下爬到那裡，一下又跳到那裡，你看是不是又活潑又可愛呢！這就是我們一家子，一個幸福家庭，一個美好的家庭，一個永遠充滿幸福的家庭。

輯二

我的教養體悟

03

不講道理，學習接納與表達渴望

若是以前，我一定會全力反擊，但這次我只是覺察自己的情緒，然後轉化……我的內在就穩定下來，甚至不需要任何人來安慰我、鼓勵我，我就能給自己安慰和鼓勵。

我認識崇建，接觸薩提爾，又跟著崇建上了多次工作坊，學到第七年，我認為出現了幾個重要的突破點。

我的歷程是這樣，先敘說一下，也許可以提供給初學薩提爾的朋友們參考。

二〇一四年七月，我受邀到新加坡演講，還不認識崇建，聽新加坡陳君寶先生對崇建、對薩提爾讚不絕口，回到台灣後我就自學看了幾本薩提爾的書，囫圖吞下《薩提爾的家族治療模式》、《薩提爾治療實錄：逐步示範與解析》（兩書皆張老師文化出版），最終覺得「不過爾爾」，並無殊勝之處。（當時是理智腦，乃因我是學術研究出身，對專重實務的書自不相應。後來崇建對我說，薩提爾重視「體驗」，沒有體驗，就甚難真正進入薩提爾）

二〇一四年底，因緣際會我和崇建一起受邀到南京演講，此過程已寫在崇建和我合著、親子天下出版的《教室裡的對話練習：當學思達遇見薩提爾》，茲不贅述。當時，我**真切感受到和崇建聊天很不一樣，有很特殊的「感覺」**（很後來我才會理解，那是「被理解」、「被同理」、甚至是「被接納」的感覺）。崇建在台上演講時，我就坐在下面聽，他講的內容我全忘光了，但是印象很深，有一位馬來西亞的校長在台下聽完後竟然淚眼汪汪，我覺得很奇特，也覺得莫名其妙。

但是，在我和崇建對話之後，我就隱隱然知道，學思達需要連結薩提爾，這樣學思達的課堂才會出現另一種內在穩定的能量。於是我就跟崇建說，將來我們一定要多合作。

二〇一六年七月，我邀請崇建一起到香港參與「第一屆學思達在香港教師培訓坊」，他在大講堂上示範「家庭雕塑」，同時說明四種應對姿態。我在台下看著，指責的爸爸，討好的媽媽，打岔的孩子，不知怎麼，我在講堂最後面的角落邊，彷彿看見我自小長大的家庭真實樣貌重現眼前，而我就是那個離父母很遠、很遠、很遠的孤獨小孩。直到這一天，我才終於看清楚了我在家庭的樣態，這給了我很大的衝擊，一時悲不可抑，淚流不止。

回到台灣之後，因在香港看過崇建示範家庭雕塑、說明四種應對姿態，我又開始重看薩提爾的書，比較能夠理解薩提爾了。同時，又**有某個東西自然流入我的心裡，我開始「覺察」我的應對姿態，一個是「此刻我」，一個是「覺察我」**。新產生的覺察對我幫助頗大，因為二〇一三年底，我就已經隨時開放教室，向海內外分享學思達，看似橫眉冷對千夫，甚至目中無人，但內心深處潛藏的是很巨大的自卑，而且是自幼就形影不離的自卑——所以我看到薩提爾說「指責、討好」的人，其「自我中心價值感」大多低落，我就很能理解與體會。

當時我推廣學思達，一心想要改變台灣填鴨教育，對傳統單向講述毫不留情批評，連某些創新教學也沒看在眼裡，口直心快，意氣激昂，語言間又流彈四射，愛之者鼓掌讚賞，惡之者不以為然，因此激怒了人。後來，網路文字冷嘲熱諷肆意謾罵有之、具體檢舉有之、甚至故意鬧上電視也有之，這些事我從前都未曾經歷。第一次被冷嘲熱諷、被檢舉，我簡直氣炸了，我認為自己是在做好事，珍惜、合作、一起努力都來不及了，怎麼還會得到如此對待？

當時我的反應也很直接，立刻發動反擊、筆戰連天。表面上看似理直氣壯、義正辭嚴，私底下卻是無時無刻不在氣憤狀態，一想就氣，縈繞不去，氣到連幾天都睡不好覺。但是從香港看崇建示範雕塑之後，**我感覺我有一個較大的轉折，「此刻我」不再像以前一樣，只要一生氣，就被生氣直接管控、驅動，做出反射式的、情緒式的應對，有另一個「覺察我」開始出現。這個覺察我，就是不急著關注事件或衝突，而是開始關注「此刻我」。**

方法是什麼？就是崇建發明的「6A自我對話模式」：覺察（aware）、**承認**（acknowledge）、**允許**（allow）、**接受**（accept）、**轉化**（action）、**欣賞**（appreciate）。**我且舉一例說明。**

二〇一七年八月，某高中主任邀請我為該校所在縣內初任教師演講，我說好，但因有暑期輔導，請發給我一張正式公文，而且邀約不少，我需要確定後，才會空下時間。主任說好，會交代組長處理。後來，我沒收到任何公文，也就完全忘記此事。某天下午，主任來電，問我在哪裡？我說在學校，主任說，張老師你「現在」有演講！可否趕過來？我說，可以，可是我人在學校做學思達講義，穿短褲，還穿夾腳拖，恐怕來不及回家換了，這樣好嗎？主任說，沒關係，反正放假，休閒一點沒關係。我也沒想太多，雖然不好意思，但總比開天窗好！就這樣開車飛奔過去，硬著頭皮上場了。演講一開始，我特地向初任教師們解釋，鄭重道歉，我不是故意的，在此之前，我也從不曾穿過短褲和夾腳拖演講過。

結果呢？結果就上電視、上報紙了，連《蘋果日報》都來採訪（還好我很常拒絕採訪，當時還傻傻以為《蘋果日報》特地跑來我正在演講的輔大演講廳採訪，是為了要報導學思達，我一如往常爽快拒絕）。標題很有意思：「大師穿拖鞋演講，遭批：怎教育下一代」。

若是以前，我一定會全力反擊，把事實全盤托出，我不會放過組長和主任的責任，錯不在我，是他們沒有溝通清楚，沒有發公文，甚至陷我於不義，疏忽全在他們。甚至還會對電視和新聞熱嘲熱諷，見獵心喜，也不去追查一下背後真正原因。然後，我覺得自己是受害者，事件當中最委屈的人。

但這次我什麼都沒做，只是想起了崇建說的6A。我停下任何反應，開始覺察自己的情緒，有生氣、憤怒、丟臉、委屈、還有難過，停留在自己的情緒時間久一點，眼眶就有些溼潤，接著我開始承認自己有這些情緒，允許自己有這些情緒，同時也接受自己有這些情緒，心情就逐漸平和下來。我感覺，這次情緒大浪潮並沒有像往常一樣把我騰浮起來，讓我在情緒浪中載浮載沉、隨波逐流，甚至滅頂，我感覺情緒滿潮洶湧的淹過我的踝膝腰臀、漫過我的胸頸臉髮，但是又繼續往前湧過去了，我還是立在原地，沒有動搖、沒有浮起，沒有漂流。

然後，**最關鍵的來了，我開始告訴自己**（轉化）：**「張輝誠，即使被別人整、被別人誤解、被別人冷嘲熱諷，但是你沒有反擊、沒有冷嘲熱諷、沒有和以前一樣應對、沒有把自己變成受害者、沒有怨天尤人，你變得越來越平和、越成長、越自由，而且你為了改變台灣填鴨教育，即使遭受這些，也沒有放棄，一直堅持著理想和目標前進，張輝誠，你真的很棒！**（欣賞）**」**

奇妙的是，**當我做完「6A自我對話模式」，我的內在就穩定下來，甚至不需要任何人來安慰我、鼓勵我，我就能給自己安慰和鼓勵。當我「體會」到這一點的時候，我彷彿看到了一個全新的能量寶庫，這也是我一直想要把薩提爾導入學思達教學現場的主因之一。**

嚕嚕語錄

〔一路薩提爾〕

帶張小嚕和兩個姪子到景美夜市打小彈珠。

回來時，為了讓兩個姪子體驗 Uber，我叫了「尊榮優步」，結果來了一台賓士E系列，而且是一位女駕駛。

上車後，我通常對司機、對車子會有很多欣賞，也有很多好奇？我發自真心會對車子讚嘆一番，然後好奇這台車多少錢？怎麼會來開 Uber？一個月可以賺多少錢？夠生活嗎？開 Uber 發生過什麼有趣的事、難忘的事？他喜歡開 Uber 嗎？喜歡的原因是？

聊著聊著，賓士的女車主提到日前遇到一位女奧客，口氣不佳、應對暴躁，下車重摔車門，還給她一顆星評價！

我又好奇問她，她感到生氣嗎？她氣的是？她怎麼應對呢？應對之後，生氣有比較少嗎？以前發生過類似的經驗嗎？她願意原諒對方嗎？如果不願意，原因是？以後再遇到類似的情況，她又會怎樣應對？

聊著聊著，我只是表達我的欣賞和好奇，然後我們就到家了，女車主說：「能遇到像你這樣的好客人，真好。」

下車後，爬上回家的樓梯時，張小嚕說：「爸比，司機賺到了！」

我問：「怎麼說？」

張小嚕說：「你一路都給她薩提爾啊！」

04

表達渴望，不只有觀點和期待

以前張小嚕放學回家，我問他的話是：「張小嚕，你今天心情如何？」現在我學會表達渴望，問的第一句話換成了：「張小嚕，你今天過得好不好？」

我在香港第一次看崇建現場示範雕塑，崇建則是第一次看我分析哈佛大學麥克・桑德爾（Michael J. Sandel）教授的授課影片，我談桑德爾如何在課堂和學生展開知性和情意的對話，精準提問與巧妙追問之外（這是學思達課堂常用的技巧），並且善用正向語言來接納、包容及肯定學生。崇建聽完之後就對我說：「桑德爾上課所說就是，連結渴望。」

當時我聽得不是很懂，後來才慢慢理解，因為**薩提爾的冰山「渴望層」就是「愛、被愛、被接納、被包容、有意義、有價值、自由」**（後來崇建將之濃縮成「愛、接納、意義、價值、自由」）。**桑德爾除了知性對話之外，情意的連結，就是讓學生在課堂上感覺到「愛、被愛、被接納、被包容、有意義、有價值、自由」，而且是由老師所提供。這時我才恍然大悟，學思達課堂可以做到知識的深化與連結，一定也要導入薩提爾，讓老師也能連結自己的渴望，然後再透過學思達頻繁的對話課堂，同時去點燃學生內在的渴望，這樣師生就能相互穩定、相互充滿向上的動能，一起通往正向的成長系統**。同時，我也對「渴望層」開始有更多的好奇和探索，於是又把薩提爾和約翰．貝曼（John Banmen）書中談到關於「渴望」的部分，反覆研讀。

二〇一七年初，我邀請崇建為學思達核心老師舉辦三天的「薩提爾初階工作坊」，我剛好人在新加坡演講，沒有參加，但是我感覺到工作坊之後，大多數學思達核心老師都有很大的收穫和轉變，課堂上的對話也明顯不同，陸續寫成文章，甚至出書。錯過了三天工作坊，我也明顯感到自己的落後，和學思達核心老師的進步神速，於是又邀請崇建再次為學思達核心老師舉辦三天「薩提爾進階工作坊」，這一次我終於全程參加了，但還是濛濛然，有點懂又不是太懂。

幸運的是，二〇一八年我辭去教職，開始在海內外各地頻繁演講學思達，我都會同時介紹學思達和薩提爾，講到我對冰山滾瓜爛熟、瞭如指掌，講到我都覺得自己像崇建和薩提爾的超級推銷員，因為每講完一次，大家都想去上崇建的工作坊、去買薩提爾和崇建的書。

因為不斷講，我有了更多反覆熟悉的機會。重點是，有時人家不是只要聽，還要發問、還要示範。每次我都戰戰兢兢，還好我有很多次機會和崇建對談，逐漸學會崇建用薩提爾與人對話的方式，好幾次都有特殊的結果。

好比說，以前看崇建對話，輕易讓對方落淚，覺得很神奇。二〇一八年底，我受邀在杭州雲谷學校（阿里巴巴集團創辦）為國中生公開授課，我的講義中有一則是孔子問學生：「盍各言爾志？」我問學生可以做到像顏淵一樣希望的「願無伐善，無施勞」，不張揚自己的優點、不誇耀自己的功勞，請舉手。

結果一個都沒有，忽然有學生舉手，他語氣頗激動：「這點我完全做不到，如果我有優點、有功勞，別人卻不知道，還誤會我，這就是我的爆點……」

我問他：「別人不理解你，你有什麼感覺？」

他眼眶突然有了淚水：「很生氣！」

我平和的問他：「你生氣的時候，怎麼辦？」他的淚水竟然滾滾而出，像兩條小河道，說：「我會靜靜的躲在角落，想一些快樂的事，讓自己好一些！」

我問：「這樣做，你的心情有好一點嗎？」

他抹去臉上的淚水，說：「有好一點。」

當時我並沒有刻意讓學生掉淚，只是下意識的問他的感受和應對，沒想到學生會滾滾落淚。後來我到河南漯河培訓三校老師，當場和校長對話時，校長也落淚。甚至在台中載我去高鐵的志工小姐，對話之後，就在車上落淚，還一直搖晃著方向盤。

這是第一個歷程，也是**我接觸的薩提爾的重要轉折，從「安頓自己」**（覺察）**開始，學會並逐漸「熟悉冰山」各層，再到有能力「展開好奇」**（核對、正向好奇），**進而「探索他人」、「連結他人」**。這個階段大約花了六年。我把能否讓對方落淚，當成一個重要標準，因為對方落淚時，通常就是觸及到內在渴望。

二〇二〇年疫情年，我密集邀請崇建為台灣學思達專校（普林思頓小學部）和嘉義雨果基金會密集舉辦三場各三天工作坊，還有公開舉辦兩場對談，一場是為偏鄉KIST（KIPP-Inspired School in Taiwan）老師所設計，一場則是我認為學思達核心老師需要再更上層樓，主題圍繞在我認為越來越重要的「連結渴望」、「一致性」和「一致性表達」。

這幾場對談和工作坊，我都有參加，收穫非常大，其中影響最大的就是「表達渴望」。**什麼是表達渴望？簡單的說，就是表達愛、接納、意義、價值和自由。**

我跟崇建說：「學思達核心老師學了好奇之後固然很好，但似乎矯枉過正，反而不會表達了！」

崇建說：「其實這是我第一步想達到的，學會好奇。一般人都會表達，只是表達的都是觀點和期待，我希望大家先學會好奇，然後再學表達渴望。」

我一聽這太有道理了，所以又邀崇建來開工作坊或辦對談。崇建說，這個太難談了，需要再想想。

為什麼這麼難談？又或者說，為什麼我覺得這麼重要？回到正題了，為什麼明明是談嚕嚕教養，卻繞出去，談這麼一大圈我自己學習薩提爾的歷程。我且來舉一個例子：

有一段時間，只要我到外地演講三五天以上，經常我才剛出門，妻和張小嚕就會發生衝突，原因不外是「張小嚕不聽話、沒禮貌」。只是為什麼我在家就相安無事呢？因為我感覺我是妻和張小嚕的緩衝墊，有緩衝墊就不會摩擦。妻和張小嚕的摩擦，我看起來都是認知落差、觀點不同造成。妻從小就是乖乖牌、模範生，看到張小嚕不聽話、沒禮貌，容易就出現評價、引發情緒；我從小就不太乖、不太守規矩，所以覺得張小嚕挺好的。

但是妻已經打來電話，而且開啟手機直播，要我和張小嚕談談。我能怎麼談，不過就是和妻站在同一陣線，對張小嚕講講道理、「曉以大義」、講講我對他的期待，和媽咪好好相處云云（以上這些都是崇建所說的「表達觀點和期待」），盡點責任給妻看，但是張小嚕有什麼反應，他一臉不以為然，有時候還「哼、哼、哼」，反而更激怒張媽咪。

學會好奇之後，我就會問張小嚕發生什麼事？心情如何？他怎麼看待這件事？他怎麼面對媽媽的情緒和反應？有沒有更好的應對方式？張小嚕還是會有情緒，但是反應的程度比以前小很多，但因為張小嚕多次參加崇建的工作坊，所以他也知道老爸正在對他薩提爾，而且問得很刻意、很技術，有時候甚至很拙劣，但至少比以前直接跟他講大道理、說期待、甚至命令，好得很多了。

二〇二〇年九月，妻又和往常一樣，開手機直播，壓抑著怒火說：「你自己跟張小嚕說！」我看見張小嚕整個人橫躺在沙發上，兩手掌心摀住耳朵，手指還蓋住眼皮，我忽然意識到，張小嚕已經完全拒絕溝通了，我還要繼續對他講大道理嗎？就在那個剎那，我想起了崇建說過的：「**要表達渴望，不要只表達觀點和期待。**」

我馬上收起了所有道理、觀點和期待，我對張小嚕說：「**張小嚕，你還好嗎？張媽咪剛剛跟我說了剛剛的事，我只是想關心你，你還好嗎？爸比關心你，也愛你。**」然後我就停止了，看著張小嚕。

張小嚕聽完之後，有很短暫的時間，把手指打開，看了一眼手機裡的我，然後又合起來。

那一剎那啊（當然後面幾天又有很驚人的進展），**我才終於懂得、終於體會了什麼叫做「表達渴望」，而不是「表達觀點和期待」；我也終於懂得了，什麼叫做全然的「接納」**（一旦個人的評價進來，是非對錯好壞就會形成偏執的觀點，而用觀點去衡量人，就容易陷入小我的狀態，不易「接納他人」）。

我有一種感覺，我從「技術」層面，走入了「體驗」層次，彷彿「由技入道」。我的應對姿態明顯改變了，後來我感覺張小嚕和張媽咪的應對姿態也改變了，他們的衝突也明顯減少許多。就像薩提爾說的：一個人的應對方式改變了，全家的應對方式也會隨之改變，所以不是期待他人改變，而是可以從改變自己開始。

以前著重技術時，張小嚕放學回家，我問他的話是：「張小嚕，你今天心情如何？」（好奇，問感受）現在我學會表達渴望，問的第一句換成：「張小嚕，你今天過得好不好？」

問這話的同時，裡頭就蘊含了爸爸對他的關心、愛和連結。

嚕嚕語錄

〔一秒〕

張小嚕平常上課，早上總是起不來，但一到放假，不用人叫，一大清早就自動起床了。

我很納悶，問他為什麼這麼早起？

張小嚕神祕兮兮的跑到我身邊，悄悄說：「要小聲點，不能讓媽咪知道。」（只是張小嚕的聲音有點大，在一旁的張媽咪聽得很清楚）

接著又說：「因為啊，放假的時候，一秒都不能浪費；上課的時候，一秒都要浪費！」

05

愛的印記與連結

知道、認識了「愛」，只是一種觀點，並不是體驗了愛；唯有體驗了愛，才能連結「渴望」。

張小嚕七、八歲時，有一回我抱著他，用微生的鬍鬚摩娑他的小臉頰，張小嚕咯咯笑，頭往左右搖動、身體蜷縮著，一邊說著「好癢好癢、好刺好刺。」一我親了一下張小嚕的額頭，低著頭對他說：「爸比小時候，我的爸爸，你從未見過面的爺爺，對我總是很嚴厲、要求很高，我做錯事時，他會罵我、罰我跪、甚至抽出牛皮腰帶打我的屁股。所以，我看到他，經常是恐懼、害怕、敬畏。

「有一次，我爸在家裡辦桌請客，那時我們住在雲林鄉下褒忠，每逢農曆十月二十九日，這一天是主廟神明的誕辰，家家戶戶都會擺桌請客，我爸也向在鄉裡包攬宴席的總鋪師訂了一桌酒席，邀請他的江西老兵鄉友、還有他的板模工程老闆（我爸是板模師傅）來家裡吃飯。

「平常不喝酒的我爸，和鄉友、老闆會喝幾杯酒，酒席結束之後，我爸似乎有點微醉，因為平常並不多話的父親，突然話多了起來，聲音越來越大，我頭一次看到父親這樣，覺得有點奇怪，也有些害怕。

「客人都走了之後，我爸臉頰紅紅的，一個人坐在客廳木椅上，突然喚我過去，我很緊張，以為他又要訓我、或是又要講些人生大道理，但他沒有，他一把抱住我，把我抱進他的懷裡，當時我已經小學五年級或六年級了，身高有一百二十多公分了，個頭算不小，父親把我摟在懷裡，我的腳還歪斜在地板上，我覺得彆扭，心情也很緊張。但我爸平日威嚴，我不敢反抗，任由他把我抱在懷裡，然後他用他還沒有刮除的滿嘴短鬚，忽然就在我的臉頰上廝磨起來，廝磨幾下之後，才醉言醉語說道：『哈哈哈，我們家多幸福啊！』

「我當時，一點都不覺得我們家幸福，我爸極嚴厲、對我要求又高，我經常因為達不到他的要求（例如每次考試都要前三名）而被唸，得到最多的是一再的挫折感；我阿母則是不懂事，心智年齡只有六七歲，偶爾還和鄰居爭吵，幾乎沒有朋友。我家又窮、又卑微、我的心靈又孤單，我一點都不覺得幸福——但是那一剎那，我有一股奇妙感覺，又說不上來那是什麼感覺。

「那個感覺究竟是什麼呢？四十年過去，我到現在都還能清楚記得我爸用鬍子摩娑我的臉，後來我才逐漸明白了，那是承受那麼多時代苦難、家庭生計、教養孩子壓力的父親、備受壓抑的父親，喝過一點酒之後，他才終於有機會把這些山大壓力暫時放在一邊，露出他的真性情，說出他的內心話。他疼愛自己小孩，但是壓力壓得他喘不過氣、說不出話，唯有微醺之後，他才能卸除一切壓力，把內心的愛，透過動作和言語表現出來。」

我告訴張小嚕這件往事，同時也對張小嚕重複做了這個動作，我想說的、做的、示範的，無非就是讓他體驗到我當年的感受，他的爺爺對我的愛，以及我做為一個父親，對他的愛。

後來，我有機會邀請李崇建老師為學思達核心老師舉辦過多次薩提爾工作坊，崇建設計的工作坊有許多形式和方法都是他自己精心獨創。隨著他的經驗、能力和能量不斷深化，他所設計的課程也越來越細密幽深，越來越迷人。我幾次參加，收穫了許多。

在崇建的工作坊裡有一個小功課，他讓學員回想生命歷程中一個「充滿愛的畫面」，無論是伴侶、父母、親人或朋友都可以。當時，我馬上回想起的畫面，就是父親用鬍鬚摩娑我的臉頰。然後，崇建引導大家透過冥想，將這個愛的畫面放進心裡，像一道光，從心的縫隙，照進、注入愛的光亮。

在薩提爾模式「冰山圖」中，將人的內在和外在比喻成一座冰山，冰山上層是「行為」，冰山下是看不見的心靈內在，分別是「感受」、「觀點」、「期待」、「渴望」和「自我」。其中「渴望」層是人類所共有，分別是「愛、接納、價值、意義、自由」。所以注入「愛」，就能夠在「渴望」層連結。只是，「渴望」也好、「愛」也好，都非常抽象，因為「知道」、「認識」了「愛」，只是一種觀點，並不是「體驗了愛」，唯有「體驗了愛」才能連結「渴望」。

崇建當時一下子提到「愛的五種表現方式」，倏忽消逝。我很是好奇，發

薩提爾模式「冰山圖」

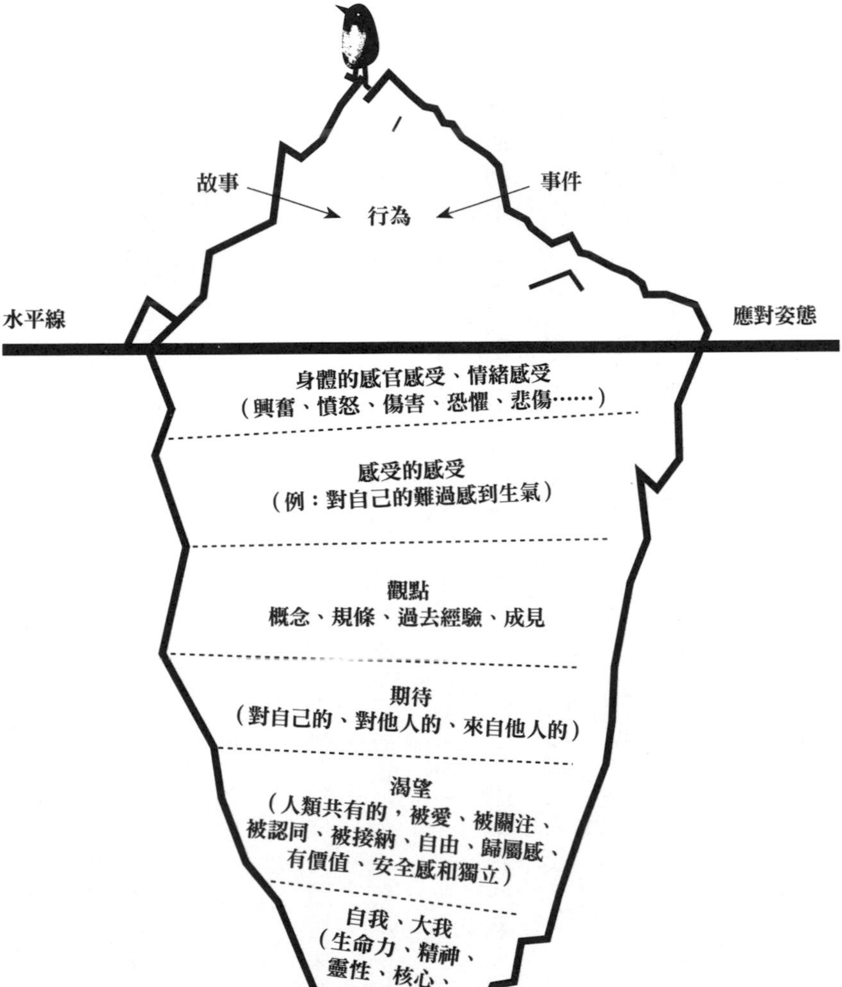
故事
事件
行為
水平線
應對姿態
身體的感官感受、情緒感受
（興奮、憤怒、傷害、恐懼、悲傷……）
感受的感受
（例：對自己的難過感到生氣）
觀點
概念、規條、過去經驗、成見
期待
（對自己的、對他人的、來自他人的）
渴望
（人類共有的，被愛、被關注、
被認同、被接納、自由、歸屬感、
有價值、安全感和獨立）
自我、大我
（生命力、精神、
靈性、核心、
本質）

揮自學精神，找到原書，那是蓋瑞・巧門（Gary Chapman）的暢銷名著《愛之語：兩性溝通的雙贏策略》（*The five love languages: how to express heratfelt commitment to your mate*），裡頭提到愛的五種語言（解釋成五種表現方式我認為亦可），分別是：

一、**肯定言語**（Words of affirmation）指的是，可以滿足人類最深處的需要，感覺到被人所欣賞、所接納，進而感到自我價值與意義。例如讚賞對方、鼓勵對方，表達愛，例如向對方說「我愛你」。

二、**精心時刻**（Quality time）的意思是，兩人同心一起做某些事，並給予對方全部的注意力，例如專注的陪伴、專注的傾聽。

三、**接受禮物**（Receiving gifts），透過禮物表達愛，禮物是愛的象徵，值錢與否未必是重點，重要的是對方看到禮物會想起你的愛。例如花點心思送給對方一份小禮物。

四、**服務行動**（Acts of service）是指對方想要你做的事，你會設法為對方服務，讓對方開心，並且單純只是表達你給對方的愛，而沒有其他額外目的（如報酬、利益上的好處），諸如替對方做事、做一頓飯、陪加班、陪玩等等。

五、**身體接觸**（Physical touch）可以傳達愛（甜蜜擁抱），也可以傳達恨（刮耳光），信息遠勝「我愛你」或「我恨你」的語言文字。愛的身體接觸，例如擁抱、牽手、摸摸頭、拍拍肩。

在崇建主持的這次工作坊，我忽然從「愛的畫面」的活動中意識到一件重要事：為什麼我不現在就讓張小嚕清楚知道「愛的畫面」，而不是等到他長大後才領會到「父親的愛」（就像我後來才領會到我父親的愛一樣），更不用等到將來他有機會參加類似的工作坊才去回想過去「愛的畫面」，我現在就可以給他「愛的畫面」啊。

於是，我每天和張小嚕的談話，最後會特地問他一個重要問題：「張小嚕，爸比很想問你一個問題，可以嗎？」

張小嚕說可以。

我便問：「你記不記得爸比曾經告訴你，我爸爸做過什麼事，讓我印象很深刻，覺得他很愛我？」

張小嚕馬上說：「記得啊，爺爺用鬍子刮你的臉！」

我說：「對！你怎麼還會記得？」

「我就是記得啊！」

「張小嚕，那你回想一下，爸比曾經做過哪些事，讓你覺得，爸比很愛你？」

「很多啊！」

「你可以具體舉出一件事嗎？」

張小嚕當時人在高雄阿嬤家放暑假，我則是回台北演講，晚上透過電話聊天，張小嚕馬上說：「就是現在啊！」

「『就是現在』的意思是？」

張小嚕語調溫和：「就是你現在打電話給我啊！」（愛的五種語言之「服務行動」和「精心時刻」）

我又問：「還有嗎？」

張小嚕說：「有啊！你買 TOMICA 車給我的時候。」（愛的五種語言之「接受禮物」）

我又問：「還有嗎？」

「有啊！你陪我打羽毛球。」（愛的五種語言之「精心時刻」與「服務行動」）

我又問：「還有嗎？」

「暫時想不到了。」

我說：「沒關係，張小嚕你可以每天想一個，再告訴爸比，好嗎？」

張小嚕說好。

我又說：「張小嚕，你知道你做什麼事，爸比會覺得你很愛我嗎？」

張小嚕說，不知道。

我說：「每天上床睡覺時，你會翻滾上來，全身壓在我的身體上面，我親你一下，然後你又翻滾下去，翻過去壓在媽咪的身上，媽咪又親你一下。」（愛的五種語言之「身體接觸」）

張小嚕輕輕笑著。

我記得，這次講電話的時間總共是一個半小時（愛的五種語言之「精心時刻」與「服務行動」），之前我和張小嚕完全沒有講過這樣長時間的電話，我有種很深的體驗，那是愛的連結。為此，我還興奮不已的打電話給崇建。

後來，張小嚕每天陸續想出一個答案，包括「你來接我放學的時候」、「陪我踢足球」，甚至還有一個完全出乎我意料的答案：「你陪我背〈長恨歌〉」──那是我陪張小嚕大號時，閒著沒事，便一起背〈長恨歌〉，一天背兩到四句，積少成多。

我問張小嚕：「爸比很好奇，一般人應該會覺得背〈長恨歌〉很辛苦，你怎麼會覺得『背〈長恨歌〉的時候，爸比很愛你』？」

張小嚕說：「我也不知道耶，背〈長恨歌〉真的很辛苦，但是就有感覺。」

（可見父母做的事情和孩子的感受未必相同，因此需要很多「核對」。同時，我感覺這傾向愛的五種語言之「精心時刻」）

有時候，我也刻意讓張小嚕和媽媽產生愛的連結，便問張小嚕：「媽咪做過哪些事，讓你覺得媽咪很愛你？」張小嚕的回答則是「媽媽做菜給我吃」、「陪我打羽毛球」、「放學時來接我」、「一起追劇」等等。

每當我和張小嚕聊起這個話題的時候，我感覺到非常美好，充滿著愉悅，時間彷彿不存在，難怪我們可以聊很久很久的時間。

每次聊完，無論是在電話上或面對面，我都會跟張小嚕說：「爸比很想你，也很愛你。」張小嚕頭幾回，有些不好意思，只是嗯的一聲，或輕輕點頭，不知道如何回應。但是有一天，我講完了「爸比很想你，也很愛你」，張小嚕忽然小小聲的說：「爸比，我也很想你，也很愛你。」

啊！這是多麼美好，愛的連結與印記啊！

嚕嚕語錄

【日蒸月煮】

我到外地演講，張小嚕興奮的在視訊上另一頭說著：「爸比，我們今天吃了非常好吃的泰式椰漿雞腿飯！」

我說：「買外送？還是媽咪煮的？」

張小嚕：「媽咪煮的。」

張媽咪之前不太會煮菜，為了張小嚕，不斷看網路影片、食譜自學，也向大廚表妹請教，廚藝越來越精湛。

我說：「你有誇獎媽咪嗎？」

張小嚕說：「有，我誇獎媽咪煮菜越來越好了！」

我問：「你可以用成語來誇獎媽咪煮菜越來越好嗎？」（各位讀者也可以試看看，不查Google，可以直接想出幾個可以稱讚他人廚藝的成語）

張小嚕想了一會兒，最後說出四個字：「日蒸月煮。」

我說：「你是怎麼想出這個成語的？」

張小嚕說：「不是有一個成語『蒸蒸日上』，再加上『日新月異』，我組合再變化一下就變成『日蒸月煮』了。」

這個成語太妙了，妙在別出心裁，更妙在，壓根沒有這個成語，但卻一點都不妨礙一個小孩的創意，和表達對媽咪的愛敬之情。

06

改變孩子一生的四個問題

親子之間的對話，若能讓孩子感受到愛，感受到自己的價值，對話就有了豐沛的能量，孩子容易擁有豐富生命力。

偶然在網路上看到一篇文章，只要每天問四個問題就可以改變孩子的一生，這四個問題分別是：

一、學校有什麼好事發生嗎？
二、今天你有什麼好的表現？
三、今天有什麼好收穫嗎？

四、有什麼需要爸爸的幫助嗎？

自從學了薩提爾之後，我對這些問題比較能夠深入察覺其背後意涵。例如原文提到每一個問題其實都有特別用意：

第一個問題：學校有什麼好事發生嗎？是在調查女兒的價值觀（可見原作者是對女兒的教養分享，薩提爾會改成「核對小孩的『觀點』」），了解她心裡面覺得哪些是好的，哪些是不好的。

第二個問題：今天你有什麼好的表現？實際上是在激勵女兒，增加她的自信心。（薩提爾是「核對小孩的『觀點』，同時連結『渴望』」）

第三個問題：今天有什麼好收穫嗎？是讓女兒回顧確認一下具體學到了什麼。（薩提爾是「核對小孩的『觀點』，同時連結『渴望』」）

第四個問題：有什麼需要爸爸的幫助嗎？這有兩層意思，一是我很關心你，二是學習是你自己的事。（薩提爾是「核對小孩的『期待』，同時連結『渴望』」。我覺得「學習是你自己的事」顯得有些生硬）

原文的結論是：「就是這簡簡單單的四個問題，包含了很多關愛、關懷在裡面，事實上也證明非常有效，親子互相扶持，孩子愉快成長。」

這四個問題確實是非常好的提問，也很適合每天拿來問自家小孩。只是，問完這四個問題之後，親子關係就會變好、相互扶持、愉快成長？答案很可能是未必。因為家長一旦提問，真正的困難才會出現，孩子真的回答了之後，家長接下來要怎樣回應，才是能否促進「親子互相扶持，孩子愉快成長」的真正關鍵。這也是李崇建一直強調乒乓球式對話的重要所在。

我從薩提爾的冰山理論，將冰山底下個人的「感受、觀點、期待和渴望」為基底，稍稍改變和調整了這四個問題（大家也可以自行變化，只要知道自己提問的目的和想達到的效果即可），也是每天放學之後，我和張小嚕見面必問的四個問題：

一、**今天心情怎麼樣？**

二、**今天有好事發生嗎？**（可以再接著問，有壞事發生嗎？）

三、**今天有好收穫嗎？**（這個問題有時候可以省略，因為答案常常會和第二個問題有所重複）

四、**有需要爸比幫忙的地方嗎？**

有一次，李崇建和我，還有《親子天下》的友人在書香花園聊天時，崇建曾為我示範過一次如何不斷幫助對話的另一方覺察感受、觀點（和行動）的對話，像一個小迴旋不斷在感受和行動之間來回核對。我姑且舉兩類我和張小嚕的日常對話為例：

第一類是一切按照劇本進行的美好狀況。

「張小嚕，今天心情怎麼樣？」張小嚕一上車，我便問他。

「很好喔！」張小嚕將頭移到前座，湊近我的臉龐，難掩喜色。

「哦！爸比很好奇，你可以多告訴爸比一些，為什麼你今天心情很好？」

（正向好奇）

「因為我英語考試一百分，所以得到十五個獎章，超多的，平常只有五個，我從來沒有考過一百分。」

「喔，那你開心嗎？」（核對感受）

「超開心的！」

「爸比也替你開心，還有什麼好事發生嗎？」

「還有喔，我們班同學說下星期一要拿○○○和□□□（神奇寶貝名稱，太專業了，原諒我記不來），跟我交換△△△耶！」

「那你開心嗎？」（核對感受）

「開心啊！」

（追問）「如果下星期一，你的同學忽然忘記帶來了呢？或者說他不想交換了呢？你會生氣？」（核對感受與觀點）

「忘記帶，就改天換就好了，不想換也沒有關係，因為我也有點捨不得。」

「你覺得你這樣處理好不好？」

「好啊。」

「那就好。」

「今天有壞事發生嗎？」

「有喔！」

「哦！爸比很好奇，是什麼壞事呢？」（正向好奇）

「爸比，你真的有很多好奇耶！」

「是啊，我有很多好奇耶！爸比很好奇發生了什麼壞事喔？」

「我今天忘了帶聯絡簿和國語課本了啦！」

「哦！那你心情怎樣？」（核對感受）

「很不好意思。」

「真的會很不好意思啊，那你怎麼辦？」（核對觀點和行動）

「老師請我把功課寫在一張紙上，同學借我課本一起看。」

「那你當時的心情怎麼樣？」（崇建教的小迴圈，行動之後再核對感受）

「還好。還好同學有幫我。」

「同學幫你啊，那你覺得怎麼樣？」（小迴圈，行動之後再核對感受）

「覺得很好啊！」

「你覺得以後這種情況要怎樣處理才好？」（核對觀點和期待）

「要記得每天應該要帶的東西。」

「如果每天都記得要帶的東西，是不是比較好？」

「是啊！」

「今天有什麼好收穫嗎？」

「有喔，有四個好收穫喔！」

張小嚕從書包拿出四樣作品，第一個是導師讓學生每人親手繪製的大張母親卡，第二個是生活課，老師讓他們做的感謝卡（張小嚕還特別寫上感謝張媽咪、旗山阿嬤和姑姑），第三個是端午節的大香包，最後一個是非常精良的紙龍舟（透過兩條線拉動可以前進，紙龍舟是親手繪製）。張小嚕眉飛色舞的逐一解說：「爸比我告訴你喔！」「我告訴你喔！」「我告訴你喔！」講個不停。此刻我要做的事情，就是專注的聆聽（一直聽他說，頻頻點頭），真誠的欣賞和讚美，偶爾說出：「張小嚕，爸比好喜歡你這個作品，真漂亮！」或者說：「爸比

覺得你的導師（或生活老師）好棒喔，能教你們做出這麼好的作品！」（回家之後，將作品擺在家中最顯眼的地方展示）

「是啊！我們導師（生活老師）很棒。」

「爸比很喜歡聽你解說你的作品喔！」

「嗯嗯。」張小嚕點點頭。

「有需要爸比幫忙的地方嗎？」

「爸比，我希望你星期三和星期五提醒我，要記得帶美語班的聯絡簿。」

「好啊！可是如果我忘記了，你會不會生氣？」

「不會啊！」

「這樣子啊，為什麼你不會生氣？」

「因為你的記性不好啊，我的記性比你還好！」

「這樣子啊，謝謝你能體諒爸比。」

「沒有啦！」

「謝謝你告訴爸比這麼多，爸比真的很喜歡這樣和你聊天。」
「我也很喜歡啊！」
「爸比很愛你。」
「我也很愛你啊！」（連結渴望。最後的對話，尤其重要，請見第八十一頁節錄崇建的建議）

第二類例子，是對話練習一開始最有可能出現的狀況。
「張小嚕，今天心情怎麼樣？」張小嚕上車後，把書包一丟，躺在後車座。
「還好。」
「今天有好事發生嗎？」
「沒有。」
「有壞事發生嗎？」
「沒有。」
「今天有好收穫嗎？」

「沒有。」

「有需要爸比幫忙的地方嗎？」

「沒有。」

怎麼辦呢？一開始我都這樣一再回覆：「沒關係，如果有的話，爸比很期待聽你說喔！」（連結渴望，讓孩子覺得自由，沒有被強迫）

一旦張小嚕開始願意分享心情，我就會先察覺自己的感受、觀點、期待和渴望，然後展現自己的正向好奇，再通過「一致性的應對姿態」（平和、不指責、不討好、不超理智、不打岔），**利用對話「核對」張小嚕的感受、觀點、期待，幫助張小嚕察覺他自己的感受、觀點、期待，然後連結彼此的渴望。**

以下節錄李崇建《對話的力量》內容，當中有對父母親的建議和叮嚀，我覺得是非常好連結親子間渴望的對話語言，摘錄於下：

親子之間的對話，若能讓孩子感受到愛，感受到自己的價值，對話就有了豐沛的能量，孩子容易擁有豐富生命力。我歸納了幾個語言，邀請父母若真心有感，將之運用於對話，親子之間應有深刻連結：

當孩子為你做了些什麼，哪怕是再小的事，都專注的跟孩子說謝謝。

跟孩子在一起玩耍時，除了全心投入，並且告訴孩子，你很開心與他在一起。

下班後見到孩子，或者孩子放學回家，告訴孩子你很想念他。

與孩子共處於寧靜的時光，感覺細膩美好的時刻，告訴孩子你愛他們。

跟孩子進行散步、喝茶與欣賞陽光時，告訴孩子多喜歡與他們在一起。

當孩子生病痊癒，或者經歷挫折，告訴孩子你很珍惜他們。

看見孩子展現自己，比如為你表演一段，告訴孩子你感到幸福。

跟孩子品嘗食物，觀賞美景或一朵花，告訴孩子你喜歡在一起的美好。

不只是跟孩子說，跟家人共處時、跟學生共處時、跟好友共處時，讓他們知道生命裡的美好，都是重要的事。

嚕嚕語錄

【冰山】

張小嚕正埋首吃著「綠豆薏人」的豆腐冰淇淋，搭配紅豆和蒟蒻。忽然抬頭對我說：「我在學崇建阿伯喔。」

我很疑惑：「你在學崇建阿伯什麼？」

張小嚕用黑色湯匙，指著像挖開一半山壁的豆腐冰淇淋，說：「我在學崇建阿伯，雕塑冰山！」

07

熱茶燙燙

以前，我會因為張小嚕受到驚嚇、甚至受傷，怒不可遏，責備我阿母，最後搞得全輸。自從學了薩提爾，情況就不太一樣了……

我阿母還在世的時候，有一年夏天，全家決定到萬里海邊陪張小嚕玩沙沙，出發前，張小嚕還不忘要我邀請住在樓上十樓的阿嬤。

鄰近中午，決定先前往住家附近人氣日本料理店用餐，全家共有七人，位置不夠，只好分成兩桌，張小嚕和我並坐，我阿母和我姐在我們對面，妻和岳父母則坐在餐廳另一頭。

我阿母口渴，叫我幫她去倒杯水喝。餐廳的麥茶裝在加熱的保溫鐵桶內，溫度很高，我怕阿母燙口，特地加了一旁涼水壺內的涼水。阿母看我拿來的茶還冒著煙，以為溫度很高，不敢喝，便隨手放在旁邊。我繼續和張小嚕說話，也許我阿母口渴想喝，又拿起茶試試，但一摸茶杯覺得燙（其實是杯子燙，裡面的茶不燙了），便將茶杯往前推，嘴裡唸唸有詞：「燒滾滾，我不要飲！」結果力道太猛，茶杯翻覆，熱茶飛快倒進張小嚕的前胸和大腿，張小嚕哇得一聲，一臉驚恐，馬上站起來，用力拉開衣服，隔開前胸。

我趕緊將張小嚕的衣服脫掉，褲子脫掉，只剩一條內褲，內褲並沒有溼，所以沒有脫掉，店長和員工快速跑來，一直說，趕緊去廁所沖冷水（可見大眾對於燙傷衛教知識都很好），妻和岳母也趕過來，妻馬上去車上拿換洗衣物（原本玩沙沙之後預備更換的衣物），我想先確定張小嚕的狀況，便問：「還覺得燙嗎？」

「一點點。」

「覺得痛嗎？」

「不會！」

我抬起頭對店長說：「沒關係，不用沖冷水了，因為熱茶裡面我有加一半的冷水。」店長鬆了一口氣，妻、岳母和我姐也都鬆了一口氣。

我把張小嚕抱到外面的候位區座位坐著，幫他穿好乾爽衣服和褲子。張小嚕依然一臉驚恐。岳母先安慰張小嚕說：「沒有關係了！沒關係了啦！」我姐也安慰說：「沒事了！沒事了！」我知道岳母和姐都是關心張小嚕，也愛張小嚕，只是這樣的安慰，對張小嚕並不會有幫助，張小嚕現在覺得很有關係、覺得很有事，明明有事卻要假裝沒事、沒關係，他的內在就會很混亂，倍覺壓抑和憤怒。所以我先對岳母和姐姐說：「我來處理就好了，你們先進去好了。」

類似的事，以前偶爾也會發生，我且先簡短說一下，還沒學薩提爾之前的處理方式。

我會因為張小嚕受到驚嚇、甚至受傷，怒不可遏，責備我阿母，唸她怎麼會這樣不小心，張小嚕可能還會哭哭啼啼，妻也心疼、又生氣，於是大家把氣都集中在我阿母身上，當然我阿母一開始會覺得很抱歉，但是她已經道過歉了，可大家還是把氣聚集在她身上，氣氛會變得很差，不用多久她心頭火也會蔓延，脾氣開始湧現，便開始亂唸、亂抱怨。我一聽她亂唸，心情更差，脾氣更火，又會唸她更多、甚至更大聲。很可能是：我阿母說她不去玩了（我就直接送她回家，一兩週之內的結局更慘，我阿母會冷戰、甚至情緒失控）、或是張小嚕說他不去玩了（張小嚕直接回家，結局也會很慘，他會生氣一個星期），或是最後全家還是出遊，但是從頭怪到尾大家都壓抑著怒火，很掃興。真可說，四敗俱傷，全輸。

自從學了薩提爾，情況就不太一樣了。請容我慢慢來解說當日情況。

我先覺察了一次自己的冰山，讓自己平和下來，然後開始逐一和張小嚕核對薩提爾模式冰山圖的感受、觀點、期待和渴望。

「張小嚕，還痛嗎？」（核對感受）

「不痛了。」

「還燙嗎？」（一再核對感受）

「不燙了。」

「你剛剛有沒有很緊張？」（一再核對感受）

張小嚕點頭。

「你剛剛是不是覺得很害怕？」（一再核對感受）

張小嚕點頭。

「**你剛剛那麼緊張、害怕，你都沒有哭，爸比覺得你很勇敢！**」（連結渴望）

一講完，張小嚕就掉眼淚了。

「你現在有沒有生氣？」（一再核對感受）

「很生氣！」

「生誰的氣？」（核對觀點）

「生阿嬤的氣！」

「你生氣是阿嬤把熱茶潑到你的身上嗎？」（一再核對觀點）

「阿嬤故意的！」張小嚕生氣就會斜眼看人，一臉憤怒。

「張小嚕你覺得阿嬤是故意的啊！」（一再核對觀點）

張小嚕點頭。

「**張小嚕啊，你覺得阿嬤是故意的，爸比覺得阿嬤應該是不小心的，因為我知道阿嬤很愛你，她不會故意這樣做。**」（提供新的觀點，連結渴望）

張小嚕沒有回答，忽然他又說：「我不要阿嬤和我一起去玩了。」剛剛出發前，張小嚕還興沖沖特地要我邀請阿嬤一起去玩，因為他覺得這些活動就是阿嬤從小和他一起玩到大的，阿嬤是他的最佳玩伴，但是他現在正在氣頭上，出爾反爾，也屬正常反應。

「不想讓阿嬤出去玩啊，你是不是會比較不生氣？」（核對期待、觀點和感受，同時進入「感受」和「行動」的小迴圈）

張小嚕點頭。

「是啊，張小嚕會比較不生氣，可是阿嬤不能去玩，阿嬤會很傷心，阿嬤傷心，爸比也會傷心。」（提供新觀點）

張小嚕沒有回答，一會兒又說：「阿嬤不要坐那裡，去坐另外一桌！」（這是張小嚕的新「期待」）

我想到這樣做並不會解決任何問題，而且也會傷害到我阿母，但是我「卡」住了，不知道要講什麼才好，我捨不得阿母受委屈，也捨不得張小嚕受委屈。我停了一會兒沒講話（現在回想起來就是崇建說的：停頓。但其實我是卡關，剛好可以停頓），張小嚕又說了一遍：「阿嬤不要坐那裡，去坐另外一桌！」

「阿嬤不要坐那裡，去坐另外一桌，你是不是比較開心？」我想重來一遍。（核對期待、觀點和感受）

張小嚕點頭。

「阿嬤不要坐那裡，去坐另外一桌，你會比較開心啊。阿嬤年紀大了，行動不方便，你讓她離開位置，她很辛苦，而且爸比也會捨不得。」（核對期待、提供新觀點）

張小嚕不說話。

一時間，張小嚕沒有答話，我也沒有答話，進入短暫的停頓。

忽然靈光一現，我對張小嚕說：「**爸比有一個建議，你聽看看好不好，爸比進去問一下阿嬤，她是不是故意的，如果不是故意的，我請阿嬤跟你道歉，好不好？**」（提供新觀點、新期待）

張小嚕居然點頭說好。

我馬上轉身進入店內，問我阿母。我阿母說，她是不小心的。我跟她說了道歉的建議，她說她可以向嚕嚕道歉。

我又走出去，跟張小嚕說明狀況，張小嚕同意和我一起進來，我阿母便跟張小嚕說：「阿孫耶，阿嬤是不細膩（不小心），不是刁故意耶啦，你是我的金孫，我疼你都袂赴（來不及），我哪有可能給你潑燒水。」（我阿母真情流露，就直接連結渴望了）

張小嚕聽完我阿母的道歉後，表情變得柔和。我知道他的內在又回到平和狀態，我阿母道歉完之後，表情也變得柔和，她也從惶恐、自責和委屈（她覺得大家都會怪她）回到平和狀態。一場小小的旋風，並沒有像往常一樣，因為彼此之間情緒的毫無覺察，甚至任由情緒擴張、蔓延、肆虐，演變成一場家庭龍捲風或強烈颱風。如今小小的旋風慢慢平息，我們又回到可愛而平和的一家人，彼此緊密的深深互愛著。

張小嚕開心吃著自己點的白醬烏龍麵，我阿母吃著乾煎大干貝和炸生蠔，吃完後，祖孫兩人又一起再到旁邊的彩券行玩刮刮樂，一起做公益。阿嬤中了一百元，張小嚕還發自內心深處真情讚嘆：「阿嬤好厲害啊！」

然後，祖孫和全家人一起去了金山海邊，我和張小嚕在海邊玩沙沙，玩了一整個下午，全家人在金山中角灣咖啡店悠閒喝下午茶，觀山賞海，其樂融融，度過了美好的一天。

嚕嚕語錄

〔陪阿嬤〕

晚餐全家吃木柵山威烘焙廚房，我問張小嚕，我對十樓阿嬤好不好？

「好啊！」張小嚕回答。

「如果十樓阿嬤是你的媽媽，你會照顧她嗎？」

「不會！」

「為什麼？」

「因為十樓阿嬤很討厭。」

「可是你以後變成董事長，不是只要請外勞幫忙照顧就可以了啊！」

「對喔！」

「那你要請幾個照顧？」

「我想一想，」張小嚕想了一下，用手指算了起來：「要十六個，一個陪阿嬤坐公車，一個幫阿嬤洗澡，一個陪阿嬤看電視，一個幫阿嬤做菜，一個開車載阿嬤出去玩⋯⋯。」

我提醒張小嚕：「還有一個很重要，一定要有一個陪唸，聽阿嬤一直細細唸。」

張小嚕搖搖頭：「這個正常人做不到，只有你可以做到，所以以後我會設計一台機器人聽阿嬤唸，而且那台機器人的臉就是你的臉喔，阿嬤一定會很喜歡。」

08

準時與提前準備的重要

我很認同湯姆．漢克斯在頒獎典禮上分享的一段話，於是我也向嚕嚕分享了兩件遲到的往事……

好萊塢巨星湯姆．漢克斯（Tom Hanks）在二〇二〇年第七十七屆金球獎獲頒終身成就獎，致詞時，他提到有一回現場排演時，前一晚和其他實習生狂歡太晚，結果被導演臭罵一頓：「你們知道你們的工作是什麼嗎？你們應該準時出現，熟讀劇本，腦袋裡裝滿想法！」

正是這個簡單明瞭又充滿智慧的訓言：「準時出現，熟讀劇本，腦袋裡裝滿想法。」影響了湯姆．漢克斯的一生。

我很認同這位導演的話，於是我也向嚕嚕分享了兩件遲到的往事。

頭一件，參加全縣作文比賽。

我讀國一時，在褒忠國中作文比賽獲得全校第一，代表學校參加全雲林縣作文比賽。比賽當天，吃過午飯，我的國文老師陳美玉師特地騎她的摩托車，載我去虎尾某國中參加比賽。因為比賽前幾分鐘才趕到現場，匆忙找到教室，老師便趕緊讓我進去。

但當時我已經尿急，可是我羞於啟齒，遂強忍著尿意進去比賽。

這是我人生中第一次，在尿意逐漸蔓延、漲潮、搖盪，漸次洶湧、澎湃的狀態下寫作，完全無法集中心神來構思、布局和創作，最後終於受不了頻頻瀕於潰堤之苦，潦草寫完，匆忙交稿，衝出教室，飛奔廁所解急。

出來後，老師很關心，問我作文題目是什麼？寫得怎樣？老師聽我說出題目之後，臉上露出笑容，說上星期她上課有提到並補充相關的內容，看來應該寫得不錯，有機會得獎。其實，我寫的不是很不錯，而是很錯，而且錯得一塌糊塗，我完全想不起來，我寫了什麼，也許作文紙上面都寫滿了當時的心情：「尿急。」

第二件是，臺灣大學的中文博士班考試。

博士班入學考試考好幾科，其中一科是中國文學史，我在中山女高上完課，才匆忙趕去應試，衝到考場時，已經遲了幾分鐘，所有人都已經坐定、埋首振筆疾書了。

我找到我的座位，講台右側前第一個位置，桌上已經擺滿考卷和作答卷，坐定後，我迅速換上看近的眼鏡（我長期看電腦，驗光師建議配一副度數較淺的眼鏡可讓眼睛放鬆），沒時間抬頭看一眼黑板上的說明（就算抬頭，戴了看近眼鏡也看不清），便開始作答，我一看試卷正面只有兩道申論題，題目還好，都會答，而且時間很充裕，便好整以暇，長篇大論嚴密作答起來。

臨到快下課，已經順利寫滿，重新檢查了一回，感覺整體揮灑自如，論點清晰飽滿，文筆流暢輕快，甚是滿意。正當我悠閒等待鐘聲響起時，取下看近的眼鏡，換上正常眼鏡，不換還好，這一換，才看清了黑板上寫好的提醒：「考卷背後還有題目。」

我翻開一看，背後竟然還有兩題！兩題占分五十分，每題各占二十五分。心頭一涼，糟了，五十分沒了。後來放榜，我只差了九分，名落孫山，和臺大中文系博士班失之交臂，想到五十分只要隨便寫一寫，應該都能超過九分的。

我告訴張小嚕這些往事，無非是想要叮嚀他，準時、提前準備的重要性，就連大明星湯姆．漢克斯也是這樣認為，其實這和《禮記．中庸》說得一模一樣：「凡事豫則立，不豫則廢」。

但是張小嚕聽我說完之後，似乎沒聽進重點，他只是大笑：「爸比，你怎麼老是發生這種莫名其妙的事情！」

嚕嚕語錄

【中場】

張媽咪帶張小嚕去參加兒童音樂會。

兒童音樂會在演奏時有很多互動，小孩子還可以講話，也可以走動。中場還提供點心和牛奶。音樂會結束之後，媽咪問張小嚕：「整場音樂會，你最喜歡哪個部分？」

張小嚕不假思索：「中場休息。」

輯三

我與嚕嚕的薩提爾練習——
關於學習、成績

09

如何看待輸贏

張小嚕喜歡贏、渴望贏，但是他追求贏的過程很容易走偏，所以我必須在他還小的時候就慢慢調整他的觀念和行為模式。

美語班老師轉告張媽咪，說張小嚕在課堂分組競賽時，會責罵同組回答不出答案而讓全組輸掉的同學，希望家長可以幫忙處理一下。

張媽咪不知道該如何處理，希望我能和嚕嚕溝通。

還沒學薩提爾之前，我應該會很生氣，一方面覺得丟臉，居然讓老師親自來「投訴」，可見行徑誇張，讓大家看不下去了；另一方面又覺得別人可能認為父母沒教好，「家教」出問題，小孩才會變成這款德行。一想到這些，很難不怒火攻心。

一旦怒火攻心，很難不馬上拉張小嚕來嚴厲說教、並且刻意壓抑著怒火，「超理智」劈哩啪啦說一堆大道理。若張小嚕還不以為意，甚至情緒有所反應，例如別過頭去、一臉無所謂、甚至眼睛亂飄等等，我就會越來越生氣，漸漸的變成聲色俱厲、嚴詞訓斥（指責），甚至倒數三、二、一，直接動手開打。最後張小嚕迫於老爸淫威，淚眼汪汪，低頭認錯。結果會是張小嚕短時間不敢和我講話，或者看到我就畏懼不已；我也懶得和他講話（打岔），看到他畏畏縮縮後來也會有點捨不得，想和他親近又覺得怪怪的。結果是：兩敗俱傷。

再者，學思達也有分組競爭。差別在於學思達的分組大多是正向競爭，比較少有競爭失利的挫敗感，自家的小孩在類似教學狀態下，竟是如此失常，我也覺得丟臉、說不過去。自然，我希望張小嚕能夠在這種正向競爭環境下，學習健康的「輸贏」心態。

我知道，張小嚕從小就喜歡贏，他渴望贏、追求贏、享受贏，這是他的資源，以後也是他很重要的動力來源。但是他追求贏的過程，很容易走偏，為了贏而不顧「程序正義與合法」，所以和家人玩遊戲，為了贏，他可以自己任意改變各種遊戲規則，一旦輸了，就惱羞成怒。這種情緒反應和行為應對模式，我認為將來會有危險，所以我必須從他還小的時候就慢慢調整他的觀念和行為模式。先舉兩個小例子來說明。

張小嚕有一天回到家，興高采烈，說今天有一件好事發生喔，考卷考一百分喔，以前都沒有過喔。

我說：「喔，很棒喔！你是怎麼辦到的？」（正向好奇）

「爸比，我告訴你喔，我寫完考卷，其實還有幾題不會，但是突然瞄到抽屜邊，課本沒有完全闔起來，我看了一下，就看到答案了！」

「那你覺得這樣好嗎？」（核對觀點）

「很好啊！老師也沒有發現喔！」

「嗯嗯，你想聽聽爸比的看法嗎？」（提供新觀點）

「好啊！」

然後，我就開始超理智向張小嚕分析：「這種行為，大家稱之為『作弊』，是會被處罰的，因為這是用不正當的手段得到好處。爸比不會因為成績好壞而苛責你，成績好壞是自己努力成果的檢視，錯了，沒關係，再搞懂就好了，而不是用這樣的方法得到好分數。因為你還不知道作弊是什麼，現在爸比告訴你，這是不對的行為，這次可以原諒你，但是爸比希望你下次不能再犯，可以嗎？」（全程超理智，不太好）

「好！」張小嚕點點頭。

第二個例子則是這樣。

張小嚕一上車，很興奮：「爸比，你看，同學送我的禮物！」那是一組高檔的文具。我問：「喔，你很開心嗎？」（核對感受）

「當然！」

「爸比很好奇，同學怎麼會送你這麼好的禮物呢？」（正向好奇）

張小嚕吞吞吐吐，最後才勉強說：「很難解釋耶！」

「爸比很好奇耶。」

張小嚕便小心翼翼的解釋：原來美語班老師讓不愛睡午覺的他在中午時負責

監看同學，誰沒有睡覺，誰聊天，一違規就登記，被登記的同學會扣點數，直接影響到積累點數可換獎品的機會。其中一位同學自知違規，發現張小嚕登記他違規之後，馬上遊說張小嚕，用禮物交換塗銷違規單上的名字。張小嚕答應了，收下禮物，塗掉名字。

我問張小嚕：「這件事，你覺得好不好？」（核對觀點）

「很好啊！」

然後我又超理智開始對張小嚕解釋，這件事就是典型的「賄賂」和「收賄」的行為（光解釋這兩個詞給張小嚕聽懂就花了很多時間），世界上有很多總統、官員，就是因為類似的行為而被關起來。我想讓張小嚕知道這件事的嚴重性，以及應該如何處理：「爸比建議你，把禮物還給同學，然後跟老師說明這件事。」

（太超理智，不太好）

「爸比，我可不可以把禮物先還同學就好了，我覺得很難跟老師解釋耶。」

（表達期待）

我說：「好，爸比尊重你的決定，但是希望你以後不要再輕易收別人的禮

物。」（表達期待，連結渴望）

張小嚕隔天拿去還，結果那位同學請假沒來。又隔了週六和週日兩天，我都忘了這件事。但是週一放學，張小嚕很興奮的告訴我：「爸比，我把東西還給同學了！」

「喔，你還記得這件事啊？你很細心，真好。」

「當然！」

「你把禮物還給同學之後，覺得怎麼樣？」（核對感受和觀點）

「很好啊！」

「張小嚕，你一直記得這件事，而且處理得很好，表示你有責任感和榮譽心，爸比真為你高興！」（連結渴望）

講完兩個例子，再回到美語班的事件處理。

我必須先處理自己的內在，我核對了一下自己的感受（讓自己從生氣的狀態漸漸平和下來）、**觀點**（不直接用正確的觀點來批判）、**期待**（希望可以幫助張小嚕察覺到斥責別人是不對的，進而改變行為）**和渴望**（讓張小嚕越來越好），**應對姿態**

不指責，也不超理智，試著內外一致的表達，進行溝通。

我把張小嚕單獨拉到臥房，面對面坐在床頭，我說：「嚕嚕啊，你是不是很喜歡贏的感覺？」（核對感受和觀點）

「是啊！」

「嗯，你很喜歡贏的感覺，如果你輸了，會不會不開心？」（核對感受和觀點）

「會啊！」

「如果有一天你輸了，然後又有人罵你，說都是你害的，你會不會更不開心？」（交換立場、核對感受和觀點）

「當然會更不開心！」

「是啊，你會更不開心。如果別人輸了，換成你罵別人：『都是你害的！』你覺得別人會不會不開心？」（交換立場、核對感受和觀點）

張小嚕沒有回答，只是稍微點點頭。

「美語老師說，你們那一組輸了，你會罵答不出來害你們輸掉的那位同學，有這件事嗎？」（核對行為）

張小嚕沒有回答，又是稍微點點頭。

「輸的時候，你是不是很失望、也很生氣？」（核對感受）

張小嚕沒有回答，又是稍微點點頭。（進入停頓）

我說：「爸比可以給你一些建議嗎？」（核對期待）

張小嚕點頭。

「爸比建議你以後輸了，先深呼吸，想一想自己有多生氣。」（幫助核對感受）

「爸比，我每次生氣的時候，都有想起來你告訴我要深呼吸，我有深呼吸，但是沒有用！深呼吸完，我還是很生氣！」

「這樣子啊，你很誠實啊！而且你真的有聽進去爸比的話，也很努力啊！真好！下次還是可以繼續深呼吸，開始要講話的時候，把講話的速度變慢，像我現在跟你講話的速度一樣。你以後可以嘗試看看嗎？」（核對期待和行為）

「好。」

「你輸的時候不喜歡別人罵你，那你以後可以不罵輸的同學嗎？因為他們也會不開心啊？」（核對期待）

張小嚕說：「可是我不罵他，我也會不開心啊！」（噹，我又當機了，陷入停頓。沉默了一段時間之後）

「嚕嚕啊，你可以不開心，但是罵人這件事是不對的，你可以用不同的方式讓自己變開心，不是把氣發在別人身上，讓自己開心。爸比希望你能做到：不責罵同學，你可以做到嗎？」

張小嚕沒有回答，只是點點頭。

我接著又說：「爸比建議你，以後輸的時候，可以誠心祝賀對方：『你們太強了，好厲害，恭喜你們贏了！』你可以試著做看看嗎？」（提供期待、新觀點）

張小嚕馬上說：「爸比，這個太難了，我做不到啦！」

「沒關係，慢慢來，因為要能學會這樣說，真的很難，爸比希望有一天你可以做到，好嗎？」

張小嚕點點頭。

對話結束。

張小嚕會因為這次對話就改變「輸了就生氣、生氣就罵人」的應對方式嗎？

當然未必，因為還需要後續觀察，但是這個對話過程，我自己覺得很珍貴——**我越來越能夠平和的和張小嚕對話，我們可以一起討論如何面對遭遇的問題，如何幫助他不受困在自己的感受（情緒）當中而自然形成的不良慣性，而是提供更寬闊的視野去察覺自己和對方的內在狀態，同時也能再提供另一種新的、較好的應對方式，然後走向不斷成長的路途。這樣的對話就有了寶貴的價值。**

嚕嚕語錄

〔取名〕

我跟張小嚕說，原本我要把他的名字取作張良。

張小嚕問為什麼？

我說張良非常厲害，足智多謀，進可以安邦定國，退可以明哲保身，我很崇拜他，是他的粉絲。

張小嚕說：「這樣不對啊，不能是誰的粉絲，就把小孩取什麼名字啊，難道是五月天的粉絲，兒子就要叫五月天嗎？」

10 獎勵與學習

獎勵只是火種，火種的真正用意是要點燃學生內在的學習動力，只有內部動力被點燃，才有可能進入自主學習、進入一輩子的自學習慣與能力養成。

張小嚕放學回家，我現在最常問他的話就是：「張小嚕，你今天過得好不好？」

通常他會說「正常」，但今天很特別，他眉飛色舞的說今天過得超好。

張小嚕興致昂然說著，這星期的小組競賽，到了星期五早上，他這一組是第二名，還落後第一名的領先組「十分」，同一組的其他四人，都覺得不可能超過領先的那組，開始意興闌珊，學習態度和行為都隨便起來。

張小嚕說他覺得這樣不妥，他告訴小組成員：「我們還有機會，不到最後一刻，不能輕言放棄！我們要表現得更好！」

我問張小嚕：「同學有聽你的建議嗎？」

張小嚕說：「有，我們小組聽了我的建議，大家又振作起來，到了搶答時刻，我們小組都積極回答，又加了幾分；老師講課的時候，我們全組都坐姿端正，眼睛炯炯有神盯著老師專注聽課，老師看見了，就說我們這組表現很認真，又加一分；我們小組就這樣努力表現，一分又一分的累積，到了下午最後一節課，爸比你知道嗎？我們小組反敗為勝，超越領先那一組，奪得第一！」

我說：「哇，好厲害喔！你有沒有很開心？」

張小嚕：「當然！非—常—開—心！」

「有沒有成就感？」

「有！超有成就感的！」

「得到第一，有什麼獎勵嗎？」

「有，第一名的小組每個人都可以抽獎。」

「你抽到什麼獎品？」

「我抽到『優先打餐』」

「你喜歡嗎？」

「還可以！如果抽到『減少一項功課』就更好了！」

我問張小嚕：「你是組長嗎？」

「不是？」

「爸比很好奇，你不是組長，你怎麼會想到要激勵大家？」

「我也不知道，我覺得大家還有機會，卻這樣沒有鬥志和士氣，覺得很可惜。」

我說：「**張小嚕，你知道嗎，爸比四十歲之前，都不會激勵別人，是四十歲推廣學思達之後，才學會如何激勵別人。我很好奇，你怎麼年紀這麼小，就學會激勵別人？**」（正向好奇，聚焦孩子的正向表現）

張小嚕右手拇指和食指捏著下巴，陷入思考，想了想，才說：「爸比，我覺得好像跟我領悟到另一件事有關！」

「什麼事？」

「我終於領悟到一件事，我到底是『為了獎勵才學習』，還是『單純為了學習』？我後來想通了，我應該是『為了學習』才對，『獎勵只是附加的』，當我這樣想的時候，我就不會像以前一樣，為了小組的分數而患得患失，每一分都斤斤計較，分數高低起伏，心情也跟著高低起伏，七上八下。我領悟到，如果獎勵只是附加的，我的重點應該是『學習』，而不是『獎勵』，我發現當我這樣想的時候，我的心情就平靜很多。不然，以前看到同學不努力搶分，我都會生氣，但現在不會了，我反而會冷靜去激勵大家，因為可以得分，很開心，沒有得分，也沒有關係，因為『學習』才是最重要的，『獎勵』只是附加的，有獎勵當然開心，沒獎勵也就沒有像以前那麼在意了。」

我聽了，很是驚訝，急忙追問：「張小嚕，你從什麼時候領悟出來的？」

「這學期剛開學的時候。」

「**你怎麼會領悟到這件事？**」這件事太重要了，其實這也是學思達設定小組合作和獎勵機制，最後真正要達到的目標，也就是劉繼文老師經常說的：「獎勵只是火種，火種的真正用意是要點燃學生內在的學習動力，獎勵機制正是外部動力，最後是要誘發出學生的內部動力。」而且只有學生內部動力被點燃，才有可能進入自主學習、進入一輩子的自學習慣與能力養成。

張小嚕的老師從張小嚕小學三年級時開始實踐學思達，逐漸導入獎勵機制，一直到張小嚕說出這段領悟的五年級初開學，差不多兩年時間，所以我很在乎「學生從外部動機轉成內部動機」，需要多長時間？學生都能轉變過來嗎？老師在這過程當中可以多做些什麼？能不能讓時間更加縮短？讓更多學生順利轉變？這些都是我要解決和增加效率的地方。所以，我很關心張小嚕的領悟。

張小嚕陷入思考，過了一會兒才說：「我也不知道。」（這個地方，崇建經常說，孩子未必能夠回答、未必能夠知道為什麼，但還是可以這樣提問，主要是讓孩子把意識留在他的內在資源和具有能量的地方）

然後張小嚕又補充：「爸比，你要告訴崇建阿伯，我在激勵同學的時候，有用一點點薩提爾喔！」

我問：「你是怎麼用的？」

張小嚕說：「我會先想一想同學的心情、還有想法，核對一下，然後再告訴他們我們可以怎麼做，可以怎麼努力，可以怎麼試看看。」

我說：「張小嚕，好有意思，我會跟崇建阿伯說，你有受他影響，也開始薩提爾了！」

張小嚕左搖右晃，開心的笑起來。

最後我說：「張小嚕，雖然你不是組長，但是你做的事情，其實就是組長會做的事，爸比在你這個年紀的時候，完全不會這些東西，這樣的能力，將來不論在什麼地方，都是領導者必備的基本能力，爸比覺得你做得比我好太多了！你自己覺得自己做得怎麼樣呢？」

張小嚕說：「好像還不錯喔！」

這正是我一直刻意將薩提爾導入學思達的原因，希望學思達課堂上的孩子，可以透過老師有意識的對話引導，幫助學生靠近自己、連結自己、自己生出更多力量。

嚕嚕語錄

【花枝魷魚麵】

張小嚕剛剛問我，爸比，你知道「What's your name?」最好記的方法嗎？

我說不知道，可以告訴我答案嗎？

張小嚕說，花枝魷魚麵。

11

轉念，找到正向資源

一旦擁有轉念、覺察正向思維的習慣和能力，在看待自己、看待他人、看待事情的同時，就比較容易產生豐富的觀點，找到正向資源。

我問張小嚕：「一個學生考試作弊，你看到他的正向資源是什麼？」

我在演講時，總提到**學思達課堂上會出現頻繁的師生對話，經常借用薩提爾描述內在心理狀態的冰山圖，說明「『觀點』如何牽動『感受』，並且只要『觀點』改變，『感受』也經常隨之變化」**。

我最常舉的例子是，老師上課時，如果看到有學生趴桌睡覺，經常瞬間就會湧起「負面感受」，這和老師自己內在既有的觀點有關，因為老師內在浮起先入為主的觀點與判斷，認為學生如何如何（如不認真、不尊重老師等等），但如果有機會探詢學生真實狀況，假設學生是因為身體不舒服（如感冒、經痛）而趴桌休息，老師的負面感受，通常會立即消失，轉而心疼和憐憫學生。這就是典型的「觀點」改變，「感受」亦隨之改變。

然而，「觀點」的形成，源自個人從小而來的各種家庭、社會、種族、文化所形塑而成，有些不斷強化，有些則不斷更迭，有些則不斷固著、不斷窄化。如果可以意識到，在窄化、固著的觀點當中，還有「轉化」的可能和機會，就有機會置入更多元、更豐富的觀點——轉換觀點、轉換念頭、轉向「正向」。此一過程，就有機會產生「正向思維」、變成「成長型思維」、找到「內在的資源」。

例如近年很受關注的成長型思維，其實本質就是「轉念」，轉出「正向思維」。（見表一）又如薩提爾提到的四種不一致的應對姿態，其實有轉念的能力，改變既定觀點，同樣能看到正向的資源。（見表二）

二〇二〇年學思達核心老師共識營，晚上有幾位老師在旅館大廳共備，林鉞老師為幾位學思達老師介紹一款南韓心理博士設計的桌遊「Flip」，每一卡都有

表一　固定型思維vs.成長型思維

固定型思維	成長型思維
我數學不行	我要訓練我的數學
我不擅長這個	我正在提高這個、還有很大進步空間
這太難了	我需要花更多時間和力氣
我犯了一個錯	成功者都曾犯過錯並持續改進
已經很好了	沒有最好，只有更好，我願意繼續挑戰
我不可能像他那樣優秀	他有什麼優點我可以學習，他是怎麼做到？我也願意試試
這樣不可能	一定還有其他方法可以嘗試

表二　四種不一致的應對姿態

應對姿態	從他人角度來看應對姿態	轉念看見正向資源
指責	脾氣差、愛批評、吹毛求疵、霸道……	有領導能力、有能量
討好	依賴、乞憐、討好、過度和善……	體貼、友善、關懷人
超理智	愛講大道理、愛理性分析、固執、權威、一絲不苟……	理智、知性、注重細節、知識豐富
打岔	愛插嘴、愛轉移話題、不恰當言行、攪亂……	幽默、好玩、創造力

兩面，一面看到缺點，翻過來另一面就是此一缺點的「正向觀點」。張小嚕也在現場，聽林鉞老師介紹玩法，聽得津津有味，回來就請我幫他也買一套。

我看了這款桌遊，覺得很棒，桌遊的目的就是試著改變固著的既定觀點，幫助人代入更豐富的正向觀點。於是，我以幾張卡片為基礎，融入「學生或孩子的行為」，以及充滿指責意味的用語，呈現三種觀點。（見表三）

我逐一介紹並唸讀表格內的文字給張小嚕聽，最後有一格設計都是空白，我問他：「對一個學生考試作弊的看法（觀點）是什麼？」

張小嚕想都沒想：「不勞而獲。」

我問：「還有嗎？」

「小聰明！」、「投機取巧！」

我又問：「一個學生考試作弊，你看到他的正向資源是什麼？」

張小嚕想不出來，旁邊一起聽的表弟小饅頭興奮搶答：「很敢！」

張小嚕恍然大悟，接口說：「敢於冒險！」

我問：「還有嗎？」

表三　看待孩子行為的三種觀點

學生或孩子的行為	觀點 A	觀點 B	觀點 C（正向）
喜歡批評別人	嘴賤	批判性強烈	善於找到缺失
亂開別人玩笑	白目	難以覺察別人感受	不易受情感影響
一直玩手遊	沒救	浪費生命	執著於嗜好
只做好自己的事	自私	優先考量自己利益	工作有效率
不喜歡和人合作	孤僻	缺乏團隊精神	能夠獨立工作
不聽他人意見	耳殘	剛愎自用	有自信
動不動就生氣	低 EQ	難以控制情緒	善於表達情感
待人冷漠	冷冰冰	沒熱情	理性行事
考試作弊			

張小嚕和小饅頭都答不出來，我試著引導他們：「作弊的人對分數很怎樣？」

張小嚕和小饅頭幾乎齊聲回答：「很在乎！」

我說：「對了，作弊的人是不是很在乎自己的表現！」

小饅頭說：「對啊，就像我，都想贏，輸了，我會哭哭！」

張小嚕接著：「對，像大雄就不在乎成績，所以他不會作弊。」

小饅頭反駁，說：「不對，大雄很在乎成績，所以每次考不好，他心情不好。」

張小嚕說：「對啦，大雄很在乎成績。」

最後，我跟張小嚕和小饅頭說，**看到一個人的缺點很容易，但要從一個人的缺點，再去看到缺點之下的正面資源，卻是很困難，就像桌遊「Flip」的卡片一樣，一卡兩面，看到反面，要有足夠的意識、習慣和能力，才能像翻牌一樣，去發現另一面，還藏著正向的觀點和資源，這個過程非常困難，所以才需要經常去練習和覺察，練習「轉念」、覺察「正向思維」。**

一旦擁有了這樣的習慣和能力（現在大家喜歡稱這個狀態叫做「素養」），

將來自己看待自己、看待他人、看待事情，就比較容易產生更豐富的觀點，找到正向資源。並且，「觀點」牽動著「感受」，而「正向資源」會誘發出更強大的生命力和行動力。

嚕嚕語錄

【敷衍】

我們父子倆之前曾自駕遊到河南一處極偏僻、人跡罕至的農村內，尋找唐代佛塔，好不容易穿過一片片新收割的麥田，終於找到寺毀人空，徒留原址的一柱老佛塔。

我說：「張小嚕，你知道佛塔，又叫浮屠，最初是用來供奉舍利、經卷或法物，俗話說『救人一命，勝造七級浮屠』，說的就是佛塔。」

「對！」張小嚕回答。

「後來佛塔出現很多功能，有的是祈福塔，有的是報恩塔，有的是法身塔，有的則是壽塔。以前我們去過的少林寺塔林，就是歷代少林寺住持的法身塔。」

「對。」張小嚕說。

「張小嚕，你在敷衍我嗎？」

「對。」

12 最佳男主角

對話時有兩個重要關鍵：好奇，以及正向好奇。前者通常是用「什麼」來提問；後者通常會用「為什麼」及「怎麼」來提問。

張小嚕一回到家，就迫不及待從書包中拿出一張英文獎狀，得獎的是：最佳男主角（the best actor）。

若是以前，我可能會說：「哇，張小嚕你很棒耶！波兒棒！」然後把獎狀貼在牆上，就像我爸也會把我小時候得到的獎狀張貼在牆上一樣，然後，然後就結束了。

但我長期跟崇建學習薩提爾之後，知道展開對話的重要，也逐漸掌握**對話的**

兩個重要關鍵：一是「好奇」，另一則是「正向好奇」。

我後來覺得這兩者似乎有些許差異：「好奇」，**著重在釐清細節、核對事件、重現歷程等等；而「正向好奇」，則著重提問人透過正向好奇去幫助回應者覺察自我的優點、專長、質地，進而調動回應者自我內在資源，連結本身內在的渴望。**

關於**好奇的問法，我覺得可以善用六何法來做基底練習**。

什麼是六何法？六何法就是「5W1H」分析法，就是何人（who）、何事（what）、何時（when）、何地（where）、何解（why）及如何（how）。由這六個疑問詞所組成的問句，共同特徵就是拋棄「是非題」，改由一或多個事實佐證的「問答題」（學思達最重要的關鍵是「以問答題為導向，誘發學生好奇心，刺激學生思考，進而引發自學，再用表達來進行說明、核對和釐清「自學與思考之後的成果」」）。

其中，我認為如果把何事的 what，單純解釋成「什麼」，而不是「何事」，則另外三個「何人」、「何時」、「何地」，就可以全部收納進

「what」，變成「什麼人」、「什麼時候」、「什麼地方」，如此一來，六何法就可以再簡化成「2W1H」，也就是「什麼」、「為什麼」及「怎麼」。我戲稱為「三麼法」。

附帶一提，有一年學思達亞洲年會，劉繼文老師就曾提出用2W1H做為學思達課堂上老師主持、引導、追問學生的重要技巧。我認為移來用在薩提爾對話也非常適合，所以就知道為什麼學思達和薩提爾很契合。

好奇的問法，通常是用「什麼」來提問；而「正向好奇」的問法，通常比較會用「為什麼」及「怎麼」來提問。

接下來就用我和張小嚕針對這張獎狀的對話為例，略作說明。

我：「張小嚕，得到這張獎狀，有沒有開心？」（先問感受）

張小嚕：「當然有！」

我：「真好，張小嚕這是一場什麼比賽？」（好奇，what 的問法）

張小嚕：「這是我們英文課的話劇比賽。」

我：「全部五年級嗎？」（好奇，what 的問法）

張小嚕：「對。」

我：「五年級三個班一起比嗎？」（好奇，what 的問法）

張小嚕：「原本要一起比，但是因為上課時間都不一樣，調整不來，所以每一班都分開舉辦。」

我：「每一班有幾組？」（好奇，what 的問法）

張小嚕：「每一班有六組。」

我：「最佳男主角有幾個？」（好奇，what 的問法）

張小嚕：「原本只有一個，但是我們班有兩個。」

我：「哦，很特別耶，為什麼你們班有兩個？」（好奇，why 的問法）

張小嚕：「因為其他組同學在演的時候，都會笑場，只有我們這兩組的男主角沒有笑場。」（這裡出現一個重要關鍵，「其他人會笑場，但張小嚕沒有」，這是張小嚕的資源，所以可以從這裡切入「正向好奇」）

我：「哦，其他人會笑場，為什麼你不會笑場？」（正向好奇，why 的問法）

張小嚕：「我刻意忍住的，劇情有些很好笑，觀眾都笑得東倒西歪，我也沒有笑場。」

我：「你們同組，有人笑嗎？」（好奇，what 的問法）

張小嚕：「有，但只有微微的笑而已，沒有像其他組一樣誇張。」

我：「哦，同組同學有人笑場了，你卻一點都沒笑場，你是怎麼做到的？」（正向好奇，how 的問法）

張小嚕：「我演國王，我就假想自己是國王，當國王就要有威嚴，就要有氣場，在大堂之上面對千萬大臣，笑出來成什麼體統！」

我：「哦，張小嚕你演國王！你可以告訴爸比，你們演什麼故事嗎？」（好奇，what 的問法）

張小嚕：「就是演一個國家保護水資源的故事，因為英文話劇的主題是『為什麼水重要？』」

我：「你可以告訴爸比整個故事的細節嗎？」（好奇，what 的問法）

張小嚕：「好，故事是這樣的。古代有一個國家，年年乾旱，天氣很熱，植物都枯掉了，就算有水，也是被汙染過的水。人民生活很辛苦，還要冒著危險喝汙水。但是，國王完全不知道百姓真實受苦的情況。

「有一天，有位勇敢平民，代表人民去晉見國王，向國王報告百姓受苦的情況。國王聽了之後，很懷疑，就詢問水利總管。水利總管說：『絕無此事，快來人，把這個人拖出去！』

「會議結束後，國王和王后召見王子和公主，國王叫兩人扮成百姓去調查此事。王子和公主調查回來，就在朝廷會議上，當著大臣們面前稟告國王和王后，那位勇敢的平民說的確有此事，百姓苦不堪言。」

張小嚕這時候，邊講邊走到沙發上，坐下，威嚴的端坐著，彷彿他又回到教室裡扮演國王，氣勢十足伸出右手，指著水利總管，嚴厲的問：「有沒有這件事？趕快承認！」

水利總管一直否認。

國王很生氣（張小嚕也很生氣），叫人拉下去，斬首。張小嚕還刻意唸出他的英文台詞：「Catch him and kill him.」

張小嚕演完這小段，繼續說道：「國王和王后向所有大臣說，我們需要保護水。公主提出一個建議：我們可以建一條運河，引入其他國家的水流進我們國家，這樣就可以淨化我們國家的水。國王覺得可行，同意照辦。幾年後，引入的新水讓國家的水越來越乾淨，最後就國泰民安。」

故事演完後，同組全體演員站成一排，齊聲唸道：「水很重要，因為我們要喝水，動物、植物也需要水，沒有水，我們就不能生存，所以我們要保護水。」張小嚕也唸了一次原文：「Water is very important because we have to drink water. Animals and plants also need water. Without water, we cannot survive, so we have to protect it.」

我：「這個故事很有意思，是你們自己編的嗎？」（好奇，what 的問法）

張小嚕：「對，我們同組自己編的。」

我：「**你們這一組這麼有創意，是怎麼做到的？**」（正向好奇，how 的問法）

張小嚕：「我們一起想就想出來了。」（正向好奇只是要讓對方覺察和關注，未必真要有答案，所以即使答不出來也沒有關係）

我：「**張小嚕，你剛剛說，當國王要有氣勢，你的氣勢是怎麼來的？**和你之

前看《權力遊戲》裡頭有很多國王的演出有關嗎？」（第一句是正向好奇，how的問法；第二句則是提供選項參考，類似鷹架）

張小嚕：「可能有一點點關係，但是看《權力遊戲》已經很久了，最近看的應該是《三國演義》。」

我：「《三國演義》裡的誰，讓你感覺到有氣勢？」（好奇，what的問法）

張小嚕：「我才剛看沒有很久，只看到袁紹統兵，袁紹剛統一北方，意氣風發，很有氣勢！」

我：「你和張媽咪一起追劇，看來收穫不少，是嗎？」（好奇，what的問法）

張小嚕：「是啊！」

我：「**張小嚕，你得到最佳男主角，有沒有覺得自己很棒？**」（正向好奇，連結渴望）

張小嚕愣了一下，有些不好意思的，最後才說：「有啦。」（幫助對方連結自己的渴望和資源）

我：「爸比也覺得你很棒！」

嚕嚕語錄

〔騙子〕

張小嚕問我：「你知道『騙子論』是什麼嗎？」

我說不知道。

張小嚕說：「有一個騙子，他說：『我是騙子，我說的話都是假的。』既然他說的話都是假的，那他說的這句話也是假的，所以他不是騙子，他說的話也不是假的，那他為什麼要這樣說呢？如果他這樣說的話，不就是在騙人嗎？因為他不是騙子，但說了這句話又變成騙子，根據薛丁格的貓（Schrödinger's Cat）來講，他既是騙子又不是騙子。」

我聽到後面，忽然有點搞糊塗了。我問張小嚕，這是你自己想出來的，還是聽別人說的？

張小嚕說：「是我自己改編的。」

我問：「你從什麼地方改編的？」

張小嚕說：「我和媽咪看諾蘭的電影《天能》，裡頭提到祖父悖論。」

我問：「什麼是祖父悖論？」（雖然我也看了《天能》，但我留意的

是「時光倒轉與交錯」，那似乎是諾蘭很愛的主題）

張小嚕解釋：「祖父悖論就是，有一個人，回到過去自己還沒出生的時空，殺掉自己的祖父，那這個人殺掉自己的祖父，他自己又怎麼會出生呢？既然沒辦法出生，那他怎麼能夠殺掉自己的祖父呢？爸比，你搞懂嗎？」（悖論的英文是paradox，亦稱為佯謬或詭局，是指一種導致矛盾的命題。通常從邏輯上無法判斷正確或錯誤稱為悖論，似非而是稱為佯謬；有時候違背直覺的正確論斷也稱為悖論）

我有點懂又不太懂：「感覺很像電腦忽然當機了。」

注：

「薛丁格的貓」指的是，一隻貓被鎖在一個箱子中，旁邊還有一個毒氣瓶。在一量子粒子處於某狀態下，毒氣瓶會破裂，但若該粒子處於另一狀態，則毒氣瓶完好無損。將箱子封閉，此粒子的量子狀態是兩種狀態共存的情況，也就是說毒氣既是已從瓶中放出，又被封存在瓶中，也因此，箱中的貓同時既是活，也是死。當箱子打開時，此量子疊加狀態瓦解；在那瞬間這隻貓是被毒死，或得以保命。

13

考好考壞，關於成績的對話

孩子考好時，關注和肯定他的努力，而不是智力和天賦；孩子考壞時，提供愛和支持即可。即使自我或他人期待的落空，都不會減損渴望的連結。

曾經在我的一次演講中，有位家長問，為什麼學思達要獨厚薩提爾？還有阿德勒啊、皮亞傑啊等等。

我說，一是薩提爾其實海納各家理論，最重要的是，他重視實務與轉化，實務才能派上用場。許多教育心理學，一般老師在師培過程中都學過，說起理論侃侃而談，但真到教學現場，通常就破功。薩提爾是真功夫，越練習越有能力。

二是，**我們接觸的薩提爾是從李崇建老師分享過來的，崇建老師自己又吸納更多東西，如正念、正向、腦神經科學、兒童創傷等等，同樣也是務實又好用。此一過程，崇建自身受益甚多，轉變極大，我自己也是，所以我們只推薦我們親身受益、有用並且有效的。**

我在現場便舉了一個例子，當孩子考完試之後，不論考好考壞，學了薩提爾冰山對話之後會如何展開對話（這也是崇建老師教會學思達老師們的），而學思達老師逐漸發展出這樣的對話能力，去和學生對話，讓學生自我長出內在的能量。以下就來分享考好、考壞兩則親子對話：

當孩子考壞時

張小嚕：「爸比，你猜，這次數學段考我考幾分？」

我：「一百分？」（因為上次張小嚕考一百分）

張小嚕：「不是！」

我：「那是幾分？」

張小嚕：「九十二分。」

我：「九十二分啊，你對你考九十二分，有什麼看法？」（好奇觀點）

張小嚕：「很差勁！」

我：「哦，你覺得很差勁啊，怎麼會這樣覺得？」

張小嚕：「爸比，我告訴你喔，原本數學不好的同學，這次突然考得很好，還考一百，我和另一個數學還不錯的女同學，這次都只考了九十二分。」

我：「張小嚕，你知道有多少人考得比你高嗎？」

張小嚕：「大概六七個。」

我：「你是怎麼知道的？」

張小嚕：「老師在發考卷的時候，一個一個發，遇到超過九十分，就會說出分數，很刺激耶！」

我：「你看，原本數學不好的同學，現在考得比你好，有沒有可能，他們在考試之前特別努力？」（提供另一種新觀點）

張小嚕：「我不知道，但是也有可能。」

我：「張小嚕，爸比很好奇，你寫錯的地方，是不會算，還是粗心？」（好奇，核對）

張小嚕：「是粗心，有兩個錯，是來不及檢查到；有一個錯，是檢查時沒有檢查到，少一個括號，就扣了兩分；另一個是讀題的時候沒有注意，少讀了『等於』，結果就錯了。」

我：「那你下次可以怎麼做？例如，來不及檢查？」（設定目標與行動）

張小嚕：「下次可以留多一點時間檢查。」

我：「不錯啊，那檢查時沒有檢查到的怎麼辦？」

張小嚕：「我也不知道怎麼辦。」

我：「暫時沒有想到辦法，你可以接受嗎？」（自我接納，渴望層）

張小嚕：「可以啊！」

我：「讀錯題的部分，下次可以怎麼辦？」

張小嚕：「讀題的時候，要特別仔細，我每次讀題都已經很小心了，都會讀兩次才寫，沒想到這次竟然讀了兩次還會漏掉『小於或等於』的『等於』。」

我：「張小嚕，你真的很認真讀題啊！（調動正向資源）

張小嚕：「對啊！」

我：「張小嚕，現在你考九十二分，知道你下次可以怎麼補救，心裡還是覺得很差勁嗎？」

張小嚕：「是啊！」

我：「爸比知道了，你有跟媽咪說嗎？媽咪有說什麼嗎？」

張小嚕：「有啊，媽咪就一直問『怎麼辦』？」

我：「你喜歡媽咪這樣問你嗎？」

張小嚕：「還好。」

我：「張小嚕，數學考九十二分，你會難過嗎？」（核對感受）

張小嚕：「有一點點。」

我：「你可以接受自己考不好嗎？」（自我接納）

張小嚕停了一下，才說：「可以啦！」

我：「張小嚕，發生什麼事了，你可以接受自己考不好？」

張小嚕：「我也不知道。」（只要有意識和覺察有這樣的資源即可，未必要有答案）

我：「張小嚕，爸比要告訴你的是，不管你考怎樣，爸比都很愛你，也很關心你。」（提供愛和支持即可，即使自我或他人期待的落空，都不會減損渴望的連結；渴望層有「愛、接納、意義、價值和自由」）

當孩子考好時

「爸比，你知道我這次數學評量考幾分嗎？」張小嚕興奮的說。

「九十五？」

張小嚕伸出食指，比出向上手勢。

「九十八？」

張小嚕又比出向上手勢。

「一百？」

「答對了！」

若是以前，我可能會說「張小嚕好棒！」「張小嚕好聰明！」但是接觸「成長型思維」和「薩提爾」之後，我就不再這樣說了。

我先問張小嚕：「數學評量考一百分，你開不開心？」（薩提爾提醒，要先關注孩子感受和情緒）

張小嚕面露笑容，說：「開心啊！」

我問張小嚕：「爸比很好奇，你是怎樣做到的？」（調動孩子內在資源，讓他覺察到好的成果是如何產生的，也就是說，不只在乎結果，也要在乎歷程）

「爸比，我告訴你，我本來只有九十五分，後來我發現有五個錯誤，一個錯誤扣一分，我及時發現，全部修訂過來，才得到一百。」

這很難得，因為張小嚕之前寫完考卷是不會重新檢查的，幾次都因為粗心大意而失分，這次他願意檢查是一個很重要的進步。

於是**我對他說：「真好，你有沒有發現你的細心讓你及時訂錯，減少失分。**

所以說，細心是不是很重要？」（「成長型思維」的一個重點是，關注和肯定孩子的努力，而不是關注孩子的智力和天賦。只是最後兩句的問法：「所以說，細心是不是很重要？」已經有點引導式的灌輸父母的觀點，也許換成「你怎麼會這麼細心？」會更好一些）

張小嚕點頭說：「嗯！」

我又跟張小嚕說：「除了細心，你能得到九十五分，代表你平常學習是不是很努力？」

張小嚕又點頭說：「嗯。」（這裡如果再補問一句「你怎麼做到這麼努力？」就更好了）

「張小嚕，你因為努力和細心，而得到數學評量一百分，真好。你心裡開不開心？」（再一次關注孩子內心感受）

張小嚕露出笑容，說：「開心啊。」

「你開心，爸比也和你一樣開心。」

其實，對話到這裡就可以結束了，關注了孩子的感受和觀點，也讓孩子覺察到「成長型思維」的努力和細心的重要。偏偏我畫蛇添足，忍不住又再全部統整了一次：「張小嚕，你看，要有好的成果，努力和細心是不是真的很重要？」

張小嚕沒有回答我預期的答案「是」，而是回答：「爸比，你怎麼又在講人生大道理了！」（連孩子都可以覺察到父母已經進到薩提爾所說的「超理智」應對姿態了）

嚕嚕語錄

【然後】

看了一位學思達老師的課，非常非常精采，老師的講義設計、精準的引導、主持與統整，學生上課發亮的眼神、專注的神情、開心的笑顏、思辨的碰撞，還有體驗的深刻，非常非常精采，讓人無比感動。其中一位小六女學生上台回答問題，侃侃而談，自信大方，宛若電視台女主播。

回家後，我跟張小嚕說，那個小女生上台，講話非常流利，完全沒有贅詞，不會像你講起故事時，會一直用連接詞，然後、然後、然後……。

張小嚕不以為然：「我可以馬上就不講然後、然後、然後啊！」

我一聽，覺得激將法有些效果，便問張小嚕如何做到？

「太簡單了，我只要把然後、然後、然後全部改成接下來、接下來、接下來……，就好了啊！」

14 嚕嚕自學

對孩子來說，自主閱讀是件非常美好的事，也是邁向自學的重要關鍵。這不是短時間的養成，而是一個循序漸進的歷程。

一個孩子為什麼會「自動自發」拿起書來閱讀，並逐漸形成習慣？從不會閱讀到會閱讀、再到自主閱讀，這中間到底發生了什麼事？而孩子產生「自主閱讀」的動力是什麼？關鍵處又在哪裡？這中間的歷程，我相信很多家長都很好奇，其實我也很好奇。

張小嚕十一歲時，忽然有一個多星期的時間，原本我們兩個會面對面或在線上聊天（如果我在外地演講不在家），他說他要看書，我不以為意，就陪著他看書，即使在線上也是如此，我隔著手機螢幕靜靜看著，張小嚕低頭專心看著書。我感覺張小嚕的內在生出了一個我認為最重要的東西，就是「自發的閱讀動力」，這是自學最重要關鍵。

我很好奇，便對張小嚕進行了一場訪問。在呈現訪問內容之前，我想先描述一下，我和妻曾為嚕嚕的閱讀先做了哪些準備或努力。

一是**「胎教」**。內人懷孕時，我們看了一些書，得知胎教頗為重要。因此在家，除了播放古典音樂，我也想開始在睡前給小寶寶來點兒胎教。

起先不知道該教些什麼好，後來就把我收藏的書畫冊拿來當成胎教內容，因為書畫冊中有圖像，還有書法、詩和篆刻。於是第一天請出大師級的畫家張大千，我精選了畫冊中幾幅作品，逐一為肚子當中的小寶寶講解。幾天過後，等張大千上完之後，接著再教江兆申，又過幾天，再教溥心畬，這些都是文人畫大師，詩、書、畫、篆刻皆精妙，教起來也很開心。反正就是把我收藏的書畫冊重新回顧一番，一邊可以回味舊藏品，一邊還可以教小寶寶，真是兩全其美。就這樣，東講西講，直到張小嚕出生。（現在想起來，比較像是爸爸自嗨其樂）

二是，說書。張小嚕出生的第一天，從產房推到張媽咪床邊，張媽咪生產過後正在休息，我看著張小嚕小小身軀，睜大眼睛張望。我便開始跟他說話，但自言自語，總覺得彆扭，忽然想到，可以讀書給張小嚕聽，讀什麼好呢？書畫冊又不在身邊，忽然想到可以讀老子《道德經》給張小嚕聽，便把手機拿出，找到網路上原文，唸了起來。

為什麼是《道德經》？因為我認為《道德經》高度推崇嬰兒，經常拿嬰兒來做為修道極高境界的象徵，例如：

第十章的「專氣致柔，能如嬰兒乎？」意思是說：誰能專注氣息、達致柔軟，像嬰兒一樣呢？

第二十章的「沌沌兮，如嬰兒之未孩。」意思是說：混沌全真，如初生嬰兒還不知嘻笑的時候（未有喜樂等情緒來干擾）。

第二十八章的「知其雄，守其雌，為天下谿。為天下谿，常德不離，復歸於嬰兒。」意思是說：知道雄偉強壯，卻甘守雌愛柔順，而能成為包容天下的溪流。作為能夠包容天下的溪流，恆常的道德便與之同在，使人重新回歸純潔的嬰兒。

第五十章的「含德之厚，比於赤子。」意思是說：含容「德」深厚的人，得到「道」的守護，如同嬰兒得到母親的守護一樣。

張小嚕正好是嬰兒，不就是《道德經》再三歌頌的對象嗎？唸這些給張小嚕聽，其實就是對嬰兒的最佳讚嘆，很可能也是他們最佳的呼應，所以我認為即使聽不懂，也應該會有很深的連結。（當然，這很有可能只是讀中文系出身的爸爸一廂情願的看法）

隨著張小嚕慢慢長大，漸懂人語，臨睡前都是我自編故事講給張小嚕聽（有些故事很有趣，原本想把這些故事編成書，後來疏懶，寫了一些，更多的沒有記錄下來，都忘光了）；後來改講《西遊記》，講一則，張小嚕聽完之後，還要再聽一則我改編的故事；後來發現繪本更為方便（其實是爸爸想偷懶），只要翻幾頁、唸唸少少的文字，張小嚕也愛聽，於是改講繪本，一本接一本講，應該講了幾百本繪本（繪本有依照張小嚕年紀的長大而有所調整和變化）。

我甚至自己也寫了五本繪本故事（《學思達小學堂》套書，有《都是我的》、《第十一根手指》、《陪爸爸上班》、《小刺蝟愛生氣》、《快一點、慢一點》，後面這兩本，還是根據張小嚕當時的愛生氣和慢吞吞的個性所寫），主要都是我和張媽咪親自講，後來加入一點「聽書」，把別人說繪本、說故事的音頻（如親子天下有聲故事書App）或影片，直接放給張小嚕聽。

三是，陪聽書。陪張小嚕聽書，一開始從說故事開始，隨著張小嚕年紀長大，開始進入比較專業的領域。

一開始，我會特別挑選YouTuber精心製作的視頻，如一系列成功人士奮鬥歷程的視頻給張小嚕看，有比爾．蓋茲、貝佐斯、伊隆．馬斯克、愛迪生、特斯拉、愛因斯坦、麥當勞、肯德基叔叔等等，主要是想讓張小嚕看一個成功人士的曾遇到哪些困難、如何克服的歷程；或是聆聽專業說書人介紹比較專業的書，如「樊登說書」，張小嚕就自己聽過不少書，如《終結拖延症》、《孔子》、《解除壓力，從大腦開始》等等，好處是可以透過說書人（讀過書、整過重點、聲情並茂）說書，優點是快速吸納一本書的重點，而且可以超越張小嚕年紀的限制，因為很多書和很多概念、甚至不少字他都還沒有辦法掌握或理解，但是透過說書人快速統整，他可以大體掌握全書的精華和意涵。

但也有缺點，缺點是處於被動、觀點受限，因為那是別人看到的重點、呈現的觀點，不是你自己看到、得出的重點或觀點。即使如此，利弊得失，衡量下來，利還是遠多於弊，尤其對小孩子而言，閱讀和理解能力還不完備時，透過聽覺來吸收書的知識，也是不錯選項。

然而，這時候父母對孩子最重要的支持就是找到這些資源（網路上很多），然後示範和陪伴，如果還有一點能力，可以追問和對話。

示範的意思是，帶著孩子一起查看網路上或音頻上的聽書節目，最好可以教會他們自己使用，這樣將來他們就會自己打開來聽、來看；陪伴的意思是，一開始父母最好可以陪著孩子一起做這件事、一起聽書、一起看說書影片；若是還可以追問就更好了，如果孩子還小，只要簡單問一兩個問題即可，例如：「看完這部影片，你有什麼收穫（或感想）？」、「你覺得這本書的重點（或是最重要的觀點）是什麼？」、「用一句話來總結這本書，你會怎麼總結？」等等，都有助於深化孩子聽書之後的思考、學習和收穫（如果想知道更深入的提問方式，可見《學思達增能》的〈問個好問題〉）。

四是，家裡最好有書、甚至很多書。家裡最舒服的地方，最好有書，甚至有很多書，多到隨手可得。如果家裡最舒服的地方是電視機前，躺下去沙發很可能就一直看電視；反之，如果家裡最舒服的地方有很多書，俯拾即是，就有很多機會可以與書相伴。

如果沒有很多書，怎麼辦？那就常帶小孩子去書店、去圖書館。我們會去誠品書店，站幾個小時看書，張小嚕平素央買什麼東西，未必得到允許，但是只要買書，通常都照單全收。

五是，陪看書。最後一個就是，從唸書、陪聽書、一起看書，等到孩子會自己看書之後，父母要做的，就是陪在孩子旁邊，一起靜靜的看書。

回到正題，我問張小嚕：「張小嚕你有沒有發現，這幾天你都會一個人靜靜拿書在看，你知道這是很珍貴的自學習慣嗎？爸比很好奇，你從什麼時候開始會自己主動找書來看？」（好奇，what 的問法）

張小嚕想了一下，才說：「就是老師規定要寫週記文章，自由命題，我不知道要寫什麼？星期天一大早，媽咪還在睡覺，你已經外出演講了，以前都是媽咪用心智圖教我怎樣發想、怎樣標出重點，可是媽咪還在睡覺，我不想吵醒她，我一點方向都沒有，完全不知道該怎樣下筆，想不出來，我就去書櫃找出一本作文教學書來看，結果幫助很大！」

我問：「哦，很特別耶，那是什麼書？」（好奇，what 的問法）

張小嚕走去把書找來，說：「是蔡駿《二十四堂寫作課》（我為了研究小學生的寫作教學所買的海內外書籍，這本是大陸小說家所寫）。」附帶一提，另一本珍妮佛・塞拉瓦洛（Jennifer Serravallo）寫的《美國學生寫作技能訓練》我也很推薦。

我問：「你從這本書學到的收穫是什麼？」

張小嚕說：「收穫很多喔，對我寫作幫助很大。」

我問：「你可以具體說一些嗎？」

張小嚕快速翻著書，邊指著書中重點說：「比如說，提到『聯想』，可以透過不斷追問，展開各種聯想，就能夠將句子、情節、故事不斷延伸出去，例如書上用一條帶血的紅絲巾為例，可以透過『因果聯想』：血跡是誰的？帶血的絲巾這個『果』的『因』又是什麼？可以不斷問下去。

「還有『相似、相近聯想』：絲巾是女孩脖子的裝飾品，相似的還有什麼呢？項鍊、項圈或者圍巾？項鍊和絲巾分別代表著什麼不同訊息呢？

「『對比聯想』：絲巾輕薄、感覺涼爽，相對是圍巾，厚重，感覺溫暖。冬季為什麼會出現絲巾？配戴美麗絲巾的女孩，如果有一個相對衣衫襤褸的圍著破洞圍巾的男孩呢？會發生什麼故事？

「『拓展聯想』：絲巾可不可以作為紀念品呢？如果作為紀念品，它的價值在哪裡呢？如果是贈品，又是上一代人的贈品，會不會有兩代的恩怨在其中？

「『線索聯想』：絲巾是美麗的裝飾，也是充滿危險的兇器。確認好絲巾的作用後，繼續追問，絲巾作為故事的線索，作為殺人兇器，那麼兇手是誰？作案時間是？動機是？絲巾怎會遺落在現場？拿到絲巾的警官又發生什麼？把這些想清楚，一個故事基本輪廓就出來了。」

張小嚕又繼續補充說道：「而且作者還有教三種方法訓練聯想能力，簡稱『CLC』，分別是中心發散法（center）：以一個物品為中心，用十句話描述它的特徵；邏輯鏈條法（link）：以你手邊隨意一個物件為樹幹，不斷填寫樹狀圖，就會發現你的故事邏輯鏈條逐漸清晰了起來；填補關聯法（contact）：把兩種弱相關的物品聯繫在一起，透過想像進行特殊的填補、結合起來。」

我問：「看起來這本書對你幫助很大，是嗎？」（核對）

張小嚕說：「對，而且這是第一次我自己看書學，我還沒有全部看完，就有很多靈感，我就開始動手寫週記了。第二天，我就把書全部看完，對我寫作真的幫助很大，我把書上談的敘事方法都融入在我的寫作當中。」

我問：「張小嚕，你可以說一下你的週記作品嗎？」（好奇，what 的問法）

張小嚕說：「我也寫了一個紅色絲巾的兇殺案，一開始的嫌疑犯，沒有人可以證明他是兇手，最後是警察局廖局長查出來這件事，用紅色絲巾證明兇手。這是我第一次週記寫這麼長，連續好幾篇都寫同一個故事。而且，爸比，我告訴你喔，最後結局很特別喔，如果結局寫過上幸幸福福的日子，那太平凡了，結尾很驚人，出人意料，我暫時先保密。」

訪問到這裡，我忽然發現，產生自主閱讀有兩個重要動力，分別是：「**應**

用」會帶動閱讀（張小嚕需要有一個作品，這個作品他沒有頭緒，就會產生動力而走向閱讀，原本不會的東西，透過閱讀而學會）、二是「大人放手或沒有介入」（剛好張媽咪在睡覺、爸爸外出演講）。

我問：「張小嚕，我看你後來還主動看兩本很厚的書，那是什麼書？」（好奇，what 的問法）

張小嚕答：「我看的是《余光中精選集》還有《琦君精選集》。」

我問：「為什麼你會看這兩本書？」（好奇，why 的問法，問感受）

張小嚕答：「那是老師規定的作業。」

我問：「老師規定的作業，為什麼你就會看完？」（好奇，why 的問法，問感受）

張小嚕答：「因為老師要檢查，沒有看會被扣分。」

我問：「所以你很負責，老師交代的功課，你就會認真做完，是嗎？你怎麼會這麼認真又負責？」（正向好奇，how 的問法）

張小嚕沒有正面回答，我也沒有要他正面回答，正向好奇只是幫助對話者意識到他的內在資源就可以。張小嚕反而回答：「後來覺得這兩本書，本身還滿好看的！」

我問：「這些書你是怎麼看的？」（好奇，how 的問法）

張小嚕答：「這兩本都超過兩百頁，字很小，我都是快速讀，但也沒有到囫圇吞棗的地步，余爺爺的書比琦君難很多，有很多大道理，還要一個字一個字看，有時候還要看兩三遍才懂。」

我問：「這兩本，你要讀多久？」（好奇，what 的問法）

張小嚕答：「每一本書，讀一個星期，每天讀三十分鐘，一天四十頁。」

我問：「看完之後，你有什麼感覺？」（好奇，what 的問法）

張小嚕答：「看完整本書之後，很有成就感。」

訪問到這裡，又出現兩個自主閱讀的重要動力：**一是老師的引導與介入、規定與要求閱讀；二是，學生通過閱讀過程所得到的趣味與成就感。**

我又問：「後來讀完老師規定的這兩本之後，你還是繼續看書，你看什麼書？為什麼沒有老師規定，也沒有扣分，你還會自己看？」（正向好奇，how 的

問法）

張小嚕說：「後來是有空閒時間，很無聊，我就去看看書櫃有什麼書可以看，看看書，打發時間。慢慢就讀出一點樂趣，還有成就感。」

我問：「剛剛你說看完整本書，很有成就感，可以說說你的成就感是？」（正向好奇，what 的問法）

張小嚕說：「不只是看完整本書有成就感，我每看完一段就有成就感。所以我不一定要全本看完，我會挑自己想看的，這本看一些，那本看一些，隔幾天又回到第一本，這樣跳躍著看；但是有的書寫得很精采，吸引我一個字一個看下去，想要一直看的欲望，直到全本書都看完。還有看書可以學到很多知識和技能，例如我看《地球的故事》，知道地球簡史，也學到如何判斷北極星，了解經度緯度的位置是怎麼來的。所以我的成就感就是：學到新知識，覺得變更聰明。」

這裡**又出現自主閱讀的關鍵之二：空出來的時間，還有看書所得到的知識與技能的收穫，以及和上面一樣的成就感**。差別在於上面是整本書的成就感，這裡是讀一段就得到的成就感。

我又問：「你和張媽咪是怎麼一起開始聽書的？」（好奇，how 的問法）

張小嚕答：「張媽咪和我一起追劇，追得沒完沒了，眼睛太累了，媽咪就說，眼睛要休息一下，我們來聽書吧。我就跟著媽咪一起聽樊登說書。一開始聽《原子習慣》、《狼的智慧》，後來又陸續聽了《愛因斯坦傳》、《達文西傳》、《以色列：一個民族的重生》、《思想實驗》，《行為上癮》、《論語》、《中國八大詩人》、《史丹佛高效睡眠法》、《哈佛商學院領導課》等等。」

我問：「聽書對你有什麼幫助？」（好奇，what 的問法）

張小嚕答：「聽書的幫助是，聲情並茂，可以學比較難的知識，還有增加科學知識，還有可以聽很多不同種類的書。」

張小嚕忽然想到一件事，特別補充：「我和媽咪在追劇的時候，因為演員講話的速度比較慢，螢幕下的字幕我都看完了，就像老師上課講課，我都看完講義上的文字了，老師還沒講完，這樣我就會覺得很無聊。」

關於這一點，很有趣，因為這是學思達重要的關鍵之一，學生閱讀的速度快過老師講話速度，就是要透過閱讀的高速度去加快學生的學習速度。原本在一旁默默聽著訪問的張媽咪忽然插話：「這應該是聽張爸比演講學思達很多次，張小嚕才知道的吧！」

張小嚕說：「不是的，是我之前就有這種感覺了！」

關於母子的爭辯，看來不是重點，**重點是張小嚕開始了自主閱讀，這是非常美好的一件事。這並不是短時間的養成，而是一個循序漸進的歷程。一旦孩子開始了自主閱讀，就開始了自主走向人類過往至今的智慧無盡藏。**

引導孩子自主閱讀

父母可以做的	唸書（繪本）給孩子聽、陪伴、一起聽書、父母示範看書、家裡放書、帶孩子逛書店、進圖書館。
老師可以做的	規定學生閱讀整本書（固定時間，再將全書拆解成幾個小節，如一天閱讀二十頁，讓學生可以養成每天閱讀的習慣，也可以讓學生一天完成一小部分，感受到完成的成就感），如果再搭配任務，提供一些正向機制，再加上學思達講義深化閱讀的成果，那就更好了。
孩子（學生）可以做的	自由的讀、挑喜歡的讀，小部分的讀、累積的讀，甚至只是遵從老師的規定讀，慢慢讀出成就感，感受到獲取新知的樂趣；如果可以，也不妨嘗試聽書。

嚕嚕語錄

【手遊】

我跟張小嚕說，不可以從我的筆電下載遊戲：「你看，爸比都沒有在電腦或手機上玩遊戲。」

張小嚕不以為然：「工作就是大人的遊戲啊！」

「不是的，工作很辛苦的！」

「爸比，你不要以為玩遊戲不辛苦，手要一直點、一直按，按到手痠，都不能休息；眼睛還要一直看，看到眼睛痛，也不能休息。你以為玩遊戲很輕鬆嗎？」

輯四

我與嚕嚕的薩提爾練習——
關於情緒、價值

15

用關心和愛，取代命令

我嘗試結合冰山圖和七個好習慣的概念，對張小嚕說話，忽然張小嚕看著我，眼神變得平靜而柔和，那一剎那，我感覺到我們父子倆有了一種深刻的奇妙連結。

張小嚕是夜貓族，晚上經常十點到十一點之間才睡覺，假日前的晚上更晚睡，經常十二點才上床。後來想想，這也是我和妻晚睡造成的結果，我們晚睡，張小嚕也跟著晚睡。

但是小學生晚睡真的不太好，一般小學生通常九點之前就入睡了，直睡到隔天一早六點至七點，睡滿九到十小時。張小嚕則是時常睡不滿九小時。

小孩沒睡飽，抵抗力容易變弱，張小嚕鼻子不好，抵抗力一弱，鼻子很快就會發炎，一發炎容易轉為濃涕。某年更嚴重，還染上「流感」，高燒不退，住院了幾天，進行觀察和治療，才完全痊癒。

所以張小嚕一過了該上床睡覺的時間，妻和我便有些焦慮，時常催促張小嚕「快一點上床」。但是張小嚕早已經習慣「慢一點上床」了（所以大家就知道為什麼我會寫出《快一點、慢一點》這本繪本了）。因此每到上床時間，氣氛時常很僵。

張媽咪一開始會對他溫和提醒：「時間很晚了，張小嚕，該上床睡覺了喔。」

這時候，張小嚕依然臉趴著地板，神情愉悅的玩著模型小車，右手還推著新買的保時捷紅色小跑車，嘴裡喃喃有聲，模仿汽車高速發動的低吼聲，完全沒聽進張媽咪的聲音。

張媽咪連聲喚了幾回，張小嚕已經進入玩小車的「心流」，無動於衷，張媽咪便開始有了火氣（換成我其實也一樣），語氣轉為指責，命令說道：「張小嚕，上床，睡覺！」

張小嚕一聽媽咪如此語氣，老大不爽，嘴裡不忘敷衍應付：「好，好，好！」然後慢悠悠的收拾玩具、再慢悠悠的刷牙、慢悠悠的上廁所、慢悠悠的爬上床，整個過程又多花了十多分鐘。這十多分鐘，著實考驗著張媽咪的耐性，如果她又多說了幾句，張小嚕就更不悅幾分，結果常是張小嚕「哼」的一聲，嘟著嘴，氣呼呼的躺在床上，等我講睡前故事。這時候如果我又因為「時間已經太晚了」為由，拒絕說故事給他聽，他更是火上加油，頻頻哼來哼去，翻來覆去。如果張媽咪和我也火了，開始斥責起來，結果就是兩敗俱傷。

後來，我覺得這樣下去不是辦法，想起了薩提爾冰山圖（一致性的表達）和史蒂芬．柯維（Stephen Covey）七個好習慣當中的「知彼解己」（這兩個結合很棒喔），我便想嘗試看看。

這時候張小嚕躺在床上，心裡還生著悶氣，而我正要開始為他說故事。我先問他：「張小嚕，去年你得流感，是不是很不舒服？」

張小嚕點頭。

「你還想得到流感嗎？」

「誰會想啊。」

我語氣變得平和而緩慢的對他說：**「爸比和媽咪希望你早一點上床睡覺，是因為擔心你太晚睡，沒睡飽，抵抗力會變弱，容易生病，一生病就會很不舒服，爸比和媽咪看到你不舒服時，都很擔心、也很心疼，因為我們很愛你、很在乎你、很關心你。」**

忽然，張小嚕看著我，眼神變得平靜而柔和，那一剎那，我感覺到我們父子倆有了一種深刻的奇妙連結。

那個改變是，我把命令句轉成描述句，描述我內在的感受、觀點、期待和渴望，讓張小嚕看見從前的命令，背後有很深的關心和愛，我要讓他知道的是「關心和愛」，而不是「命令」。

嚕嚕語錄

〔環境〕

張小嚕在百貨商場裡，到底要先剪頭髮，還是先去溜冰，猶豫不決，因為他的頭髮太長了，讓他產生很多不方便，偶爾遮住視線，或洗頭之後吹很久才乾。可是，另一方面溜冰場有固定的開放時間，最後入場時間已經快到了。

張小嚕最後做出決定：「爸比，我們先去溜冰吧！」

我問為什麼？

張小嚕昂起頭，緩緩說道：「因為剪頭髮，是重要而不緊急；溜冰卻是重要而緊急，現在情況很緊急，所以我們要先去溜冰。」

我問張小嚕怎麼會知道這種「重要和緊急」的劃分方式？

「爸比，你不是在家裡的玻璃牆畫兩條垂直線，上面寫著各種學思達重要又緊急的事，還有學思達重要而不緊急的事，我就是從上面學的啊！」

結論是：家庭環境布置很重要，孩子會耳濡目染。

16 插隊

這件事從頭到尾都是薩提爾，我們全家都在平和之中找到與以往截然不同的應對方式，安定自己，也安定別人，而且開始產生強大的連結。

中午時刻，學生剛下課，我正準備和遠道來訪的香港聖道迦南書院李柏雄校長一起用午餐，順便討論學思達的上課情形。忽然接到張小嚕美語班老師電話，說沒有在學校接到張小嚕，學校老師說他人在保健室，因為排路隊時撞到門，需要家人帶他去醫院縫合傷口，問我現在有沒有空到小學一趟。

我馬上和李校長說明狀況，取消議課和午餐，同時聯繫妻和家姊，才知道她們已經接到學校通知也從家裡出發了，我們約好誰先到學校，誰就先帶嚕嚕去醫院。

一路上，我不免有些納悶，為什麼學校不直接帶去醫院縫合傷口？另一方面，我不斷核斷自己內在狀態，很擔心嗎？很著急嗎？很心疼嗎？是的，我既擔心又著急又心疼，我也允許自己擔心又著急又心疼，我也接納我自己擔心又著急又心疼，因為我愛張小嚕。我有沒有生氣？確實有一點點，生氣什麼呢？生氣為什麼學校沒有直接送到醫院，而是要等家人才能處理？但是我告訴自己，先去學校了解狀況，而不是讓生氣不斷蔓延，然後我的心情慢慢平和下來。

我趕到學校，家姊開車載著我妻因路途較遠還在半途，我先到了保健室，保健室護士拉開布簾，張小嚕躺在床上，打開額頭右上方的紗布，原來已經止血了，所以不需要急著送去醫院。幸好我沒有生氣，胡亂指責，不然就只是無理智的傾倒情緒罷了。是一道長約兩公分多、深約〇．五公分的傷口，就像一條拉開的拉鍊。護士小姐解釋說，排路隊時，他自己撞到門，這樣的傷口雖然已經止血，但最好還是再去醫院縫合。張小嚕忽然說：「是後面A同學和B同學推我！」

我想起了薩提爾的冰山，於是開始核對張小嚕的感受，而不是先討論到底發生什麼事。

我問張小嚕：「會痛嗎？」張小嚕說會痛。我又問：「還有什麼不舒服嗎？」張小嚕說有一點頭暈。護士聽到之後馬上說，頭部撞傷之後，要觀察是否有腦震盪後遺症，於是給了我一張衛教單，要仔細觀察上述的各種狀況。我接過衛教單，問張小嚕：「可以下床和我一起去醫院縫傷口嗎？」張小嚕點頭說可以。

我幫嚕嚕穿好鞋，這時負責排路隊的女老師又趕到保健室，一臉抱歉與自責，我問排路隊女老師看到發生什麼事嗎？她說她聽到同學大喊的聲音，回頭一看，張小嚕已經倒在地上，額頭都是血，她也不知道發生什麼事。張小嚕又說：「是A同學和B同學推我！」女老師解釋說：「可是B同學說她沒有推他，她排在張小嚕的前面。」女老師對我說了幾次希望能夠和我們一起去醫院，我感覺她應該是很認真又負責的老師，發生這種事，她一定也很不好受，而且還可能因此而自責。我很平和的跟她說：「老師，謝謝您，我自己帶兒子去醫院就可以了，只需要幫我和張小嚕的導師說明一下狀況即可，謝謝。」

我左手提著張小嚕的書包，右手拉著他的手，我問他：「還痛嗎？」他說很痛。「還頭暈嗎？」一點點。我又問：「你生氣嗎？」我心想張小嚕說有人推他，內心一定很憤怒吧，但張小嚕的回答卻是：「不會。」我又再問了一次會生氣嗎？張小嚕還是回答不會。這很特別，嚕嚕受傷了，還是別人推他的，他卻不生氣。於是我問他：「怎麼了？」張小嚕說：「等一下再告訴你。」

我們開車到學校附近的婦幼醫院急診室，但這家醫院沒有小兒外科，我們又趕緊轉到三總汀州路急診室，等候醫師縫合傷口時，妻和家姊都到了。我問張小嚕發生了什麼事？他向我們要了一張紙，開始解釋給我聽。

原來下課排路隊時，有兩位同學排在兩條路隊的中間，張小嚕以為他們排在另一條路隊，於是就排在他們兩個人前面，路隊開始出發時，後面的A同學和B同學推他，他的額頭就直直撞到門尖角。

張小嚕很快逢合傷口，我同時也請妻傳訊息給導師，說明嚕嚕所說的情況，而且我認為這是嚕嚕的單方面說詞，未必是事情全貌；也希望導師可以私下問一下這兩位同學，希望可以站在機會教育，而不是指責的態度，因為這樣的行為很容易造成傷害，如果兩位同學沒有承認也沒關係，因為張小嚕沒有確切證據可以證明一定是這兩位同學推的。也請導師特別安慰一下排路隊的老師，我們沒有責怪她，請她不用自責。

隔天是週五，張小嚕請假一天在家休息。

導師很快的處理了這件事，而且她處理得很好，導師趁早晨時間對全班說：「張小嚕的媽媽昨天有和老師討論他跌倒的事情，我們都沒有要處罰或責備任何人，只是想要知道當時發生了什麼事情，有沒有人可以告訴我呢？」大家討論之後，確認了幾件事：一是B同學真的排在嚕嚕前面，所以不可能推他。二是A同學說，我真的沒有推他啊，但我真的是有排在他後面。老師又問他：「那你有不小心撞到他嗎？」A同學說：「我真的不知道。」三是有五位同學舉手，一致說到當時嚕嚕是有插隊。四是很多同學反映，他們沒看到嚕嚕怎麼跌倒，只看到嚕嚕跌倒了。

張小嚕之所以不生氣，也許和他隱約知道對於插隊的認知不同有些關係。

我也請妻回了一訊息給導師：「看來張小嚕應該是有插隊，也有可能自己跌倒，或者有可能是因為推擠而跌倒，也有可能推他的人因為害怕不敢承認。這些都沒有關係，因為沒有任何證據，只能這樣處理了。不過，讓大家察覺到適當的應對和處理方式和可能的後果，都是重要的機會教育。我們也會告訴張小嚕，他應該是插隊了，即使他認為沒有，但是大家都認為他插隊了，就應該是不對的。謝謝老師處理，如果可能的話，也請老師再跟張小嚕說，插隊的處理和應對方式，走廊不可奔跑，還有如果可以的話也麻煩老師安慰一下他，也可以跟他說您的處理方式和過程。因為他很喜歡您，也很聽您的話，他回家都會很興奮轉述您上課講的話和內容喔，謝謝。」

導師也回了一則很溫暖的訊息：「謝謝媽媽從教育的觀點出發，與我共同攜手處理這個意外事件。等張小嚕回校上學之後，全班可以共同複習上次的機會教育，也再一次學習處理的方式。當然一定也會安慰與協助受傷的嚕嚕喔！今天早上就有小朋友在問：『張小嚕今天會來上學嗎？下個禮拜呢？』『他現在還有很痛嗎？』『後來還有流血嗎？』……同學們很期待張小嚕快來上課，也祝福他快快好起來。」

張小嚕週五在家休息，又遇上六日，連續休息了三天之後，週一下午我去接他下課，他一上車，他就很興奮的對我說：「爸比，今天發生了一件好事喔！」這是我每天去接他放學就會問他的四個問題的頭一個問題「今天有沒有好事發生？」現在我還沒問他，他就主動先說了。

我說：「喔，今天發生什麼好事？爸比很想知道。」

張小嚕說：「今天第三節上體育課的時候，A同學跑來跟我說，對不起，是我推你的！」

「你聽了之後有沒有很開心？」（又是核對感受）

「當然有喔！」

「後來呢？」

「那你說什麼呢？」

「他就一直跟我說對不起！」

「我就一直跟他說沒關係。」

「爸比覺得你能原諒別人，真的很棒。」

「對啊，所以我才說是好事啊！」

這件事從頭到尾都是薩提爾，我們全家都在平和之中找到與以往截然不同的應對方式，因為平靜之後，就比較能夠安定自己，進而也能安定別人，而且開始產生強大的連結，讓大家都在平和的狀態下應對與連結。

這種美好，我希望每天都能出現在家庭對話，也希望每天都出現在學思達的教學現場，讓親子和師生都在愛及平和之中得到滋養和成長。

嚕嚕語錄

〔南京〕

我問張媽咪有去過南京嗎？

張媽咪說有，十多年前，我們兩個自助旅行，從上海到黃山，一路玩過蘇州、無錫和南京。

我才又回想起來。

張小嚕在一旁聽了，說他也去過南京，而且常去。

我和張媽咪都覺得奇怪，我們沒帶張小嚕去過南京啊！

連續問了幾次張小嚕，張小嚕依然斬釘截鐵，我又再確認了一次，張小嚕最後不耐煩了：「爸比，你以前教書的中山女高，旁邊不就是南京東路嗎？我們不是常常去吃海壽司？」

親愛的張小嚕，此南京非彼南京也。

17 出名

一旦擁有薩提爾冰山圖的概念，每次對話，都會有較清晰的脈絡和目的，探索出彼此的內在感受、觀點與期待，進而聚焦資源，連結渴望。

「爸比，為什麼你不喜歡出名啊？」

這是張小嚕真切的疑惑，因為他知道我婉拒所有電視或雜誌的專訪，在還沒有學薩提爾之前，他已經問過了幾次，當時，我並未察覺到這就是崇建所說的「無疑而問」，問話的人並不是真要尋找解答，而是他對這個問題早有琢磨、早有斟酌，他發問只是為了核對自己內在的看法和觀點，或是根本尚未被滿足的期待。

所以，薩提爾之前，我比較不能覺察到張小嚕內心深處的世界，也看不到彼此間交錯而出的更寬闊的視野，當張小嚕這樣問我時，我馬上陷入「超理智」的應對姿態，和自我「觀點」的陳述。頭一回我跟張小嚕說了很多出名的缺點，例如出名之後，我們出門就不能像現在一樣隨便穿拖鞋（其實好像沒有這種規定）、不能常常在外面拋頭露面（這好像也說不過去）、我和阿嬤、你、張媽咪一起出門玩的時候可能會被認出來，還被指指點點，或者一直跟我們打招呼、頻頻打擾，這樣不是很麻煩嗎？

「不會啊，我覺得這樣很好啊！」張小嚕開心的回答。

然後我就當機了，不知道如何回答。

第二次，張小嚕又用同樣的問題問我，我試著用同理心，去同理一下他的看法，我又再一次「超理智」的對他說：「嚕嚕啊，爸比年輕的時候，也很想出名啊，也很渴望出名啊，我那時候一心一意就只想要出名，和你現在的想法一樣（我自以為這樣就是同理心），後來在金門當兵的時候，陰錯陽差生了一場病，一病，病了三年，對很多事情都改變想法了，不想出名，就是其中一樣。」

「爸比，可是我沒有生病，我想出名耶！」張小嚕又是開心回答。

然後我又自動開啟「慣性」模式，開始跟張小嚕洗腦，出名有好多好多好多缺點，一如前頭第三段所言，這次又再加油添醋，張小嚕一概否定，說他不會這樣耶，最後我又同樣當機。

有了薩提爾之後，即使我對薩提爾還是半生不熟，但情況已經很不相同了。張小嚕在客廳再一次問了我同樣問題：「爸比，為什麼你不喜歡出名啊？」

「你知道爸比為什麼不想出名的原因啊，爸比很好奇，你喜歡出名嗎？」（正向好奇）

「喜歡啊！」

「你喜歡出名啊，爸比很好奇為什麼你這麼喜歡出名？」（正向好奇）

「因為出名可以賺大錢！」

「嚕嚕，原來你認為出名可以賺大錢啊？」（核對觀點）

「對啊！」

「嚕嚕，你怎麼會這樣想呢？」（核對觀點）

「因為比爾．蓋茲很有名，所以他賺很多錢。」

「嚕嚕啊，你有沒有想過，很多有錢人，也不一定出名，甚至不想出名喔，你知道祐生研究基金會的董事長也很有錢，但是他不出名，也不想出名喔，而且他影響我很深喔。所以要賺大錢，也不一定要出名，是不是這樣呢？」（提供新觀點、同時核對新觀點）

張小嚕陷入沉思，過了一會兒才說：「好像也是，可是出名比較容易賺大錢耶。」

「爸比很好奇，你很想賺大錢嗎？」（核對期待）

「是啊！」

「爸比很好奇，你賺大錢的目的是什麼呢？」（核對觀點）

張小嚕難掩喜色，興奮的說：「賺大錢可以買豪宅和超跑！」

「原來是要買豪宅和超跑啊？」（核對觀點）

「對啊！」

「爸比很好奇，爸比都沒有去過豪宅，你有去過豪宅嗎？」（正向好奇）

「爸比，我有去過豪宅啊！」

「喔？什麼時候？」（正向好奇）

「你去新加坡演講的時候，我們不是住在金沙飯店嗎？那個就是豪宅啊！我以後有錢，要把三棟金沙買下來！」

「哇！一次買三棟，真的很厲害喔！」我一邊回答，一邊回想起，當初還是「葉帥」葉丙成老師提議，我們要再去新加坡演講，不如把演講費統統換成住宿費，兩家人都一起住金沙，我說好，多虧了陳君寶兄的成全，我們最後不但順利入住，還選了較昂貴的城市海景房。葉帥一定沒想到，此舉在張小嚕心中埋下了渴望成功的種子。

「爸比很好奇，你怎麼會想買超跑，你知道什麼是超跑嗎？」（正向好奇）

「知道啊！」

「爸比很好奇，你怎麼會知道呢？」（正向好奇）

「我當然知道啊！」張小嚕說完，馬上到書房架上抽出一本《超級跑車小百科》，這是以前我和張小嚕在金石堂閒逛時，他要求要買的書，因為他是公車控。張小嚕翻開第八頁，指著上面的照片和文字說：「爸比，這裡啦，我要買這一輛跑車，布卡提（Bugatti Veyron），一輛要四千多萬喔，時速可以飆到四百三十一公里。」

看著張小嚕侃侃而談，身為父母一則以喜、一則以憂，喜的是他有向上的動力（這是他的資源），憂的是他會走向物質享受、官能滿足的世界，但是內在未必安定。可是這時候我忽然忘了應該要聚焦在他的資源上，例如如何讓他在這種資源的動能底下，能連結到當下努力、能力自覺培養的重要——不由自主的，我的超理智再次上身，我又開始說教。

「嚕嚕啊，你將來有錢，買豪宅和跑車都很好，只是爸比希望你也能做一件事，那就是可以用你的錢，來幫助更多人，因為很多人過得並不好，過得很辛苦，如果你有能力，可以幫助他們過得好，這樣該有多好。」（「超理智」提供新觀點）

「那要看我還剩下多少錢，如果錢還夠多，我才會幫助別人。」

「嗯嗯，謝謝你把爸比的建議放進你的考慮。爸比想告訴你，幫助別人，你的快樂就會越來越多，你會發自內心感到喜悅與滿足。」（提供新觀點）

「爸比，這個我知道啦，你的學思達就是在幫助別人，所以你很快樂啊！」

「對啊！」

「可是你不能常常去幫助別人！」

「為什麼呢？」（核對觀點）

「因為你常常去幫助別人，就常常不在家，你很快樂，我和媽咪都不快樂！」

這時候我忽然又當機了，因為我陷入了自責，而且馬上就要吃飯了。如果還有時間，而我內在又夠穩定（不陷入自責）的話，應該還可以再進行深入的談話，重新核對彼此的期待，連結彼此的渴望。

我記錄下我和張小嚕前後幾次相同問題的對話，以及展示一次對話的完整過程，目的是分享給大家：**身為父母，一旦擁有薩提爾冰山圖的概念，每一次和小孩之間的對話，都會有較清晰的對話脈絡和對話目的，同時能夠藉由來回的對話，探索出小孩，甚至是自己的內在感受、觀點與期待，進而聚焦彼此的資源，連結相互的渴望，引導出更豐沛的生命力。**

這是薩提爾最迷人的地方。

嚕嚕語錄

〔炭治郎不敢吃〕

張媽咪指著晚餐餐盤上的丸子說：「你們知道這是什麼丸子嗎？」

我和嚕嚕吃了幾口，猜了幾次，猜不出來。

張媽咪最後公布答案：「是鬼頭刀魚丸！」

我說：「喔，我們以前和十樓阿嬤去蘇澳漁港玩，那邊就有賣鬼頭刀魚丸。」

張小嚕說：「這種丸子，炭治郎不敢吃！」

我問：「為什麼？」

張小嚕說：「因為是鬼頭做成的丸子，炭治郎不敢吃！」

18

教孩子欣賞與感謝

先讓孩子覺察自己的做法已經造成別人的困擾，再讓他產生同理心，並為自己的行為負責、道歉，最後灌輸一種新的應對方式和心態，從取笑別人，轉為欣賞別人、感謝他人。

從陽明山開車返家途中，張媽咪突然語氣嚴肅：「張爸比，我要跟你講一件剛剛張小嚕發生的事。」

原來張媽咪難得和北一女同事約在陽明山的學生營隊場合中見面，張小嚕卻在張媽咪的同事面前，亂開玩笑，取笑張媽咪的肚子，講完後還得意洋洋、哈哈大笑。北一女同事是張媽咪好友，聽完後，不但沒有笑，反而神情肅穆：「我覺得一點都不好笑，而且覺得張小嚕你很沒禮貌！」張媽咪描述完之後，說：「我覺得很生氣、也很心寒！」（是的，張媽咪用了「心寒」這樣的字眼，可見有多傷心了）

若是很早以前，我應該會很生氣，對張小嚕嚴厲斥責，甚至處罰，但是這樣做，最後一定是三敗俱傷，張媽咪更傷心、張小嚕委屈（而且完全沒學到任何改進的方式）、我則是處在母子中間變成三明治，偏向誰都會失衡，吃力不討好。現在學了薩提爾、正向教養等等，處理方式就不太一樣。我處理的幾個方向是：

一、**讓張小嚕覺察他這樣的做法，已經造成別人的困擾；**

二、**讓張小嚕產生同理心，並為自己的行為負責、道歉；**

三、**灌輸給張小嚕另一種新的應對方式和心態，從取笑別人轉為欣賞別人、感謝他人，而且需要馬上嘗試練習。**

而全部過程的處理基礎是，我的內在要平和，語氣要安定。

我問張小嚕：「張媽咪這樣說，你有什麼感覺？」

張小嚕沒有回答。

我邊開車邊平和的說：「你有感覺到張媽咪很生氣，很傷心嗎？」（我刻意轉化了「心寒」的字眼，我猜想十歲的張小嚕還分辨不出「心寒」比「傷心」還更嚴重很多很多）

張小嚕也沒有回答。

我又說：「張小嚕，張媽咪平常是不是最疼你、最愛你？」

張小嚕嗯了一聲。

我說：「你知道張媽咪剛剛為什麼這麼傷心嗎？」

張小嚕說：「不知道。」

我說：「因為她那麼愛你、疼你，可是你卻說出那樣取笑她的話，讓她覺得很受傷，所以她才那麼傷心。」我又問：「張小嚕，如果有人公開取笑你，你會開心嗎？」

張小嚕回答：「不會啊。」

我說：「那你公開取笑張媽咪，張媽咪會開心嗎？」

張小嚕說：「不知道。」

我說：「剛剛張媽咪說她很傷心，這樣你知道張媽咪不開心了嗎？」

張小嚕嗯了一聲。

我說：「你的話讓張媽咪感到傷心，你要怎樣為自己的行為負責？」

張小嚕說：「不知道。」

我說：「你需要向張媽咪鄭重的道歉。」

張小嚕對張媽咪說：「張媽咪，對不起，我不應該說取笑你的話，請張媽咪原諒我。」

張媽咪沒有回答。

我說：「**張小嚕，你做錯事，道歉是必要的，但是你道歉，別人不一定要原諒你，即使別人不原諒你，你還是要道歉。還有，做錯事，不能以為，只要道過歉，就行了，這樣容易誤以為做錯事都沒關係，只要道歉就行了，不是的，道過歉之後，錯事除不能再重複出現，也要盡可能不去做出需要道歉、需要被原諒的**

事情。」

我又補充說：「張小嚕，真正的幽默並不是開別人玩笑，取悅大家。你開別人玩笑取悅大家，如果有某個人不高興，這就變成『你和眾人贏、但某人輸』，如果連聽到的人也不開心，像張媽咪的同事聽到你開張媽咪玩笑也不開心，這樣就是『你贏、其他人都輸』；好一點的幽默是，開自己的玩笑，讓大家開心，即使有傷害，也不會傷害到別人，而是自己承受；但是，真正高明的幽默則是，既不傷人，也不傷己，聽到的人全部都開心，這才是全贏的幽默。」

我問張小嚕：「以後遇到你想開別人玩笑的時候，你有什麼可以選擇的嗎？」

張小嚕回答：「不知道。」

我說：「你想聽爸比的建議嗎？」

張小嚕嗯了一聲。

我說：「張小嚕，我們先來做個練習。**你現在用兩個句型，一個是『我很欣賞』，一個是『我很感謝』**，來說一說，張媽咪有哪些地方，你很欣賞？有哪些事情，你很感謝？你可以先想三到五分鐘。」

張小嚕陷入沉思。幾分鐘過後，我請張小嚕說一說。

張小嚕說：「『我很欣賞』張媽咪，生病時也很努力工作。」

「還有嗎？」

「『我很欣賞』張媽咪幫助很多老師。」

「好，現在換成『我很感謝』。」

張小嚕回答：「『我很感謝』張媽咪每天陪我、照顧我。」

「還有嗎？」

「『我很感謝』張媽咪每天煮飯給我吃。」

我說：「好，現在把張媽咪改成張爸比，你會怎麼說？」

張小嚕說：「我很欣賞爸比每天都在工作。」（張小嚕指的是我每天都在滑手機，我跟他解釋，我是在工作——這話大多時刻是真的，我幾乎隨時隨地處理學思達各種推廣事宜）

張小嚕又說：「我很感謝爸比賺錢養家，還有陪我打球。」

我問：「如果把對象改成十樓阿嬤呢？」

張小嚕說：「我很欣賞十樓阿嬤經常都很開心、很愛笑；我很感謝十樓阿嬤每次都會送我玩具，送我吃的東西。」張小嚕又特別說明：「阿嬤每次存了很多零錢，她去買零食，都會特別留給我一份，也會經常買玩具給我。」

最後我跟張小嚕說：「**當你學會看到別人的優點，你才會懂得『欣賞別人』；當你學會了珍惜別人對你的好，你才會懂得『感謝別人』，懂得欣賞和感謝，會安定自己，也能夠關照到別人，這才是雙贏。**

「如果只看到別人的缺點、困窘、不足和缺陷，又去取笑、嘲諷、挖苦或開別人玩笑，這樣就是用自己的優長去凸顯別人的缺陷，形成『我贏你輸』的局面。真正了不起的人，是真的看到別人的缺點、困窘、不足和缺陷，不是去取笑、嘲諷、挖苦或開別人玩笑，而是反過來用自己的優長去幫助這些人，讓他們可以擺脫缺點、脫離困窘、弭平不足、補救缺陷，一起變得越來越好，形成雙贏。」

我又問張小嚕，如果對象改成阿姆（a-m̀），張小嚕會怎麼說？

張小嚕說：「我很欣賞阿姆很厲害，創立貝斯特。」

又說：「我很感謝阿姆每次出國回來都會送我禮物。」

又說：「我很感謝阿姆每次都會帶我去吃高檔餐廳。」

我跟張小嚕說：「你知道爸比最感動阿姆的是什麼嗎？你流感住院的時候，我跟阿姆和阿伯說，不用來醫院看你，怕會傳染。但是阿姆和阿伯除了託人幫忙安排單人房之外，還是特地抽空來醫院看你，而且我請他們一定要帶口罩，但是他們都沒有戴口罩，他們是這樣關心你和疼你。爸比很感動，也很感謝，你還記得嗎？」

張小嚕點頭，說：「我記得，也很感謝阿姆這樣對我好。」

嚕嚕語錄

【除臭法】

我和張媽咪討論鞋櫃臭味好像可以噴木醋液除臭，或者還有其他什麼方法。

張小嚕插進話，模樣認真：「只要在每一雙鞋子上面各夾一個夾子。」

我和張媽咪一聽，覺得張小嚕可能有好點子。

張小嚕繼續說道：「每次打開鞋櫃，選好鞋，先拿起夾子，夾住鼻子，這樣就聞不到臭味了啊！」

19 教孩子釋放恐懼和焦慮

我帶著張小嚕一起練習了這套簡便的方法，希望他往後遇到困難的時候，都可以覺察、釋放自己的情緒，安頓自己的身心。

嚕嚕個性敏感，容易過度反應，這一點和我很像，或許不少孩子也如此？例如，他愛看《名偵探柯南》，但遇到恐怖劇情，如怪盜基德或壞人從門後出現，他會嚇到上大號時不敢關門；又如他小時候，在新加坡金沙飯店頂樓無邊際泳池，意外掉落小圓池，從此之後，他就非常怕水，連洗頭都不低頭、眼睛更是怕碰到水；新冠肺炎疫情開始蔓延，他出門不只會戴口罩、還會戴護目鏡（他學校科學課的裝備）、甚至想戴乳膠手套出門。

我在網路上看到一位心理學家傑佛瑞・薩德（Jeffrey Zeig）的影片，他經常在世界各地培訓專業心理諮商師，應三個中國大陸同事之邀，特地從心理學的角度，拍攝一部短片，為身處新冠疫情的人提供簡便自我身心安頓的方法。（https://www.youtube.com/watch?v=5G6nDI2W1gM&feature=youtu.be）

我發現薩德提出的五個步驟，其實整合了「放鬆」、「覺察」、「正念」、「冥想」和「正向」，以及務實的「理智」、「判斷」與「行動」，情理兼具，簡便可行。於是，我便想教給張小嚕，如果張小嚕學會了，這將是他一輩子重要的功課，也是我送給他的重要禮物。

從高雄坐高鐵回台北途中，我先和張小嚕一起看了洋蔥學院新上線的「初中化學」（非常好看，而且小學生就可以看了，這便是我常說的線上教學影片可以幫助學生隨時隨地學習、也可以進行超前學習，誰說小學生不能先學物理或化學知識）之後，我決定和張小嚕一起觀看薩德影片，一邊解說，一邊帶著張小嚕把五個步驟演練一回。影片開始了，薩德提到的五個步驟分別是：

第一，擁有資訊，用來了解當下情況。區分恐懼和焦慮，恐懼是立即的威脅，焦慮是對未來的擔憂，這些都是心裡的情緒。需要務實看清自身的恐懼，同時學習處理內心的焦慮。

我陸續問張小嚕：「新冠肺炎，你有緊張嗎？」、「有害怕嗎？」、「有擔心嗎？」張小嚕都說有。

第二，進到你的緊張狀態，讓自己高度緊張起來，然後放鬆，重複做三到五次的循環。檢視自己的身體，增加自己的緊張程度，找到焦慮存在自己身體的地方，然後增加自己的焦慮情緒，讓全身都緊張起來。如何讓自己全身緊張起來？可以想像在雙腳膝蓋中間夾一枚硬幣，然後兩腳膝蓋盡可能用力，雙拳緊握，手臂用力，臉部肌肉出力，保持最緊張的身體狀態，並且增加內心的緊張，默數一到三，然後做一次深呼吸，然後釋放焦慮，放鬆下來，重複做，至少三到五次。

我依照影片解說，帶著張小嚕兩腳膝蓋併攏、全身緊繃、用力，然後放鬆，重複五次。

第三個步驟是，覺察（提升自己的覺察力）。重複數次緊張、放鬆的動作之後，加入「現在我覺察到」的句子。

覺察三件眼睛能看到的事情，如「現在我覺察到，我看到攝影機」、「現在我覺察到，我看到牆壁」、「現在我覺察到，我看到某個人」之類。

然後覺察三種聽到的聲音，如「現在我覺察到，我聽到自己說話的聲音」、「現在我覺察到，我聽到自己呼吸的聲音」、「現在我覺察到，我聽到自己說話的聲音」、「現在我覺察到，我聽到風吹的聲音」。

再來覺察三種「身體感官的感覺」，如「現在我覺察到，我的腳踩在地板上」、「現在我覺察，我的手肘放在椅背上」、「現在我覺察到，我穿的西裝外套」。簡要來說，就是覺察「看到什麼」，「聽到什麼」、「身體感官感覺到什麼」。

目的是要進入「當下」的狀態，讓自己保持覺察，並且變成心錨。影片示範一次，我也示範一次，就讓張小嚕也一起試，張小嚕逐一開始，先說看到的：「現在我覺察到我看到桌板」、「現在我覺察到我看到座椅」、「現在我覺察到我看到高鐵雜誌」。

接著說出聽到的：「現在我覺察到我聽到影片的聲音」、「現在我覺察到我聽到爸比的聲音」、「現在我覺察到我聽到高鐵奔馳的聲音」。

然後說身體感官感覺到：「現在我覺察我的屁股坐在椅子上」、「現在我覺察我的身體穿著衣服」、「現在我覺察我的腳穿在鞋子裡面」。

第四個步驟是，安全（做成心錨，可以帶給自己精神、情緒上的安全感）。我們心中，都有個地方可以代表安全感。也許是常去的山上的一個小村莊，很美、很平靜。可以在心裡做個想像，花點時間，閉上眼睛，想像自己在一個安全的地方，可以是你小時候的安全的地方，也可以是你自己想像創造出來的地方。盡可能鮮明的想像，想像細節（畫面、風景、擺設），想像在其中的各種感官的感覺（影像、聲音、感覺），確保自己可以想到精神上的安全感，讓身體可以放鬆下來，然後把這些感覺記在心裡。然後告訴自己，你現在安全了。

我跟張小嚕閉上眼睛，開始想像。結束後，我說我最有安全感的地方是小時候住的雲林老家，二樓有一個空中壁櫥，我會爬上去，關上門，躲在裡面，與世隔絕，感到非常安全。張小嚕說，他感覺最有安全感的地方是躲在棉被裡，抱著白白（張小嚕從小到大睡覺必抱的一隻小北極熊）。然後我們閉上眼睛，各自做了一次冥想，詳細想像感到安全的地方之各種細節。

第五個步驟是，行動。行動，是我們如何面對恐懼，以一種最高效的方式行動。以防疫來說，最高效的行動是配合專業醫療人員的指示，進而增進自己的安全，包括勤洗手、常戴口罩，教導家人，制定一個行動計畫，如何提升安全到最高等級。

我跟張小嚕說：「我的行動就是，減少外出，外出一定戴口罩、勤洗手。」

張小嚕則說：「我也是，而且我還會戴護目鏡、乾洗手。」

薩德特別提醒：「五個步驟可以循序，也可以自由採用，或者只聚焦在某幾個步驟。」

搭高鐵回到台北，幾天後，我主持連續四天的學思達工作坊，最後一天，妻有要事，沒辦法帶嚕嚕，所以我必須帶嚕嚕跟我一起去工作坊。

一大早，張小嚕吃完早餐、再吃感冒藥，全副武裝（護目鏡、口罩、乾洗手），和我一起搭計程車去工作坊會場。計程車司機開得飛快，提前到了會場，我帶張小嚕穿過學校操場，張小嚕說他頭暈，想吐，我讓他站一會兒，校長剛好走來，問怎麼了？張小嚕就哇啦哇啦吐了兩回。吐完後，我問張小嚕有沒有覺得比較舒服？張小嚕點頭，說有比較舒服。

我便開始主持一整天的工作坊，讓張小嚕在一個獨立的辦公室自己看書、寫功課。下午，工作坊結束，回家途中，張小嚕跟我說：「爸比，薩德教的方法有效喔！」我問：「什麼意思？」嚕嚕說：「早上你去工作坊的時候，我不是暈車、嘔吐嗎？後來我還是不舒服，我就用薩德的方法，一個人在辦公室裡做那五個步驟，沒想到，真的有效耶！」

真好，**我相信張小嚕會記得這個方法，以後人生遇到什麼困難時，他都可以自己幫助自己。而我多麼希望，有更多的學生和孩子，都可以學會，懂得覺察、釋放和安頓自己的情緒。**

嚕嚕語錄

【疑惑】

張小嚕聽張爸比說《西遊記》之後的幾個重大疑惑：

一、為什麼我的如意金箍棒（張爸比給他一枝小木棍）不能縮小放在耳朵裡面？

二、觔斗雲是雲耶！孫悟空怎麼可能站得上去？

三、為什麼我跟孫悟空一樣呼叫土地公（在地板上跳，拿他的如意金箍棒敲），可是土地公都不出來？

四、為什麼我對阿嬤唸緊箍咒，她都沒有頭痛？（尤其是剛吵完糖果分配不均）

五、為什麼我的火眼金睛看不到旗山阿公和阿嬤，只能看到爸比看不清楚的遠方公車號碼？

六、為什麼妖怪都知道唐三藏的肉可以吃，而且知道吃唐三藏的肉可以長生不老？

七、為什麼唐三藏要去西天取經，不是去東天、南天或北天？（還好張小嚕沒問為什麼不是中天）？為什麼他們不坐飛機？飛機比較快耶！

八、我以後可不可以吃唐三藏的肉？（這是張小嚕在洗澡時，我們討論到舅舅和旗山阿公都沒有頭髮，張爸比感嘆說俺以後也會沒有頭髮，張小嚕忽說他以後也會沒有頭髮，可是他可以等唐三藏死掉之後，吃唐三藏的肉啊！可見張小嚕認為長生不老的最大功用之一就是不會禿頭。可是吃人這件事，是《西遊記》裡頭一個奇怪的限制級啊！要輔導要輔導！）

九、為什麼每次都要說「欲知詳情如何，且待明天分曉」？我不喜歡啦！

20 髒話，當你遇到不禮貌的回應時

透過薩提爾的冰山，我發現，我的觀點只是我的觀點，只有真正「核對」之後，才會知道張小嚕的觀點並不是那樣……

「去你的！」一個小男生對張小嚕說。

張小嚕在永康街的大象溜滑梯玩，一個小女生邀他一起玩追人遊戲。

張小嚕說好。馬上又加入兩個小男生，也一起玩。

張小嚕開始追人，開始追逐一女兩男。

之前我看過張小嚕和學思達老師的兩個兒子玩類似遊戲，我感覺張小嚕腿力不夠，奔跑速度不足，很難追到玩伴，總是當「負責追人」的那一個，而且還追得氣喘吁吁，不像他老爸是鄉下放山雞，爆發力強、衝刺速度快，重要的是長跑耐久力高，從國中開始，高中、大學就很常拿到八百、一千五公尺賽跑冠軍。（以上為老馬回首當年風光，同時呈現內在的虛榮感作祟，以及自我中心價值低落，需要順便展現一下自己的風光，好彰顯一下價值感的奇特慣性——奇怪，你兒子為什麼要跟你比呢？你是你，兒子是兒子，不是嗎？你想傳達的是什麼呢？）

結果，張小嚕一直緊追著一個小男孩，速度差不多，只差一步，就能追上。我心想，要我，一個箭步，加速疾馳，立馬追到。結果張小嚕尾隨緊咬不放，多追了半個公園，追到對手氣喘吁吁，對手停下來，投降了。後來我問張小嚕，為什麼不多加點速？沒力氣嗎？手可以加快擺幅啊！張小嚕卻說：「我是在享受追逐別人的樂趣，我刻意不追上他，慢慢跟他耗，看他能撐多久。」（喔喔，這就是薩提爾冰山所呈現，我的觀點只是我的觀點，我以為張小嚕是追不到，其實不是，只有真正「核對」之後，才會知道張小嚕的觀點並不是那樣）

張小嚕捉到人之後，換他被追，結果張小嚕跑沒幾步，就又被追到。我心裡想，這小子怎麼如此不敏捷，好不容易才追到人，結果一下子就被追到，要是我，動如脫兔、閃躲巧妙，一定讓人追不到！（後來，張小嚕才告訴我，如果一直成功躲避被抓，這樣能玩的機會就很少，我抓人，這樣就能一直玩啊！喔喔，又是觀點不同！）

張小嚕改換去追另一個小男孩，追到小男孩跑上大象溜滑梯，張小嚕守著滑道下方，然後奔上往上的走道，小男孩馬上快速坐下滑下，張小嚕也緊追坐下滑下，小男孩滑到一半，眼看張小嚕即將追到，就站起來，直接跳下，張小嚕伸出手，已經摸到他的腳。

小男孩回頭，問張小嚕：「你有抓到嗎？」

張小嚕說：「有，摸到腳了。」

小男孩說：「去你的！」

張小嚕沒有回應。

過一會兒，又繼續玩。

我正好在講電話，張媽咪在一旁清楚聽見小男孩對張小嚕說「去你的」。回程，張媽咪提起了這件事，小心翼翼的說：「張小嚕，那個小男孩說『去你的』是不好的話……。」

我有點好奇，弄清楚了情況。

我問張小嚕：「你聽到那個男生對你說『去你的』，你有什麼感覺？」

張小嚕說：「沒有感覺。」

我再核對一次，張小嚕說他既沒有生氣、也沒有任何情緒。

我說：「喔，一般人應該都會生氣，覺得對方沒有禮貌，甚至也會用不禮貌的字眼回嘴，但是你很特別，沒有感覺，你是怎麼做到的？」（how 的問法）

張小嚕說：「我是學以前的一個同學，以前在英文補習班的同學。」

我說：「喔，張小嚕可以多說一點嗎，那個同學教你什麼？」（what 的問法）

張小嚕：「那個同學，別人怎麼罵他，他都不會有反應，我就是模仿他的啊！如果你還想玩，回應了，那就不用玩了，最後一定『兩敗俱傷』（張小嚕原文，我覺得他的語文老師教得真好，張小嚕越來越會用成語，有時候精準到，我都感到驚豔不已，當然也和他跟著張媽咪追了不少金庸、三國演義等古裝劇，學了很多文謅謅的詞語有關）；而且用不好聽的話回應了，那就和對方一般水準、一般見識了。」

我聽完之後，覺得張小嚕遇到的同學，應該可以算是他人生中第一個小貴人吧！光是這一點，連他老爸都自嘆弗如，而且還是從一個六、七歲的小孩子口中說出（當時張小嚕去英文補習班的年紀約六、七歲，同學是同一學校、不同班級的學生），**即使他老爸聽到這樣的話，通常選擇不回應，但內在會有感覺，應該會有生氣、不爽、甚至憤怒**（感受）**、也會有觀點**（沒禮貌的傢伙）**，可能也會不想玩了**（應對）**，但是張小嚕現在小學五年級，竟有如此穩定的內在，沒有感覺，而且還能得到自己想要的**（他還想玩）**，內在也沒有不舒服或受傷**，天啊，完勝他老爸。

我好想，小時候也遇到這樣的同學。

我突然很好奇，問：「張小嚕，我好好奇，你的同學是怎樣被教出來的？」

張小嚕說：「我怎麼會知道！」

唉，如果知道就好了，我們就可以教會更多小朋友。幸運的是，張小嚕遇到了這樣的好同學，我小時候就沒遇過這樣的好同學。

嚕嚕語錄

【安全距離】

張小嚕突然問我：「爸比，你去馬來西亞演講，不是在街頭看到有人騎車搶劫嗎？」

我說對啊。

張小嚕接著說：「爸比，如果你發現有人要來跟你搶劫，你知道要怎麼自保嗎？」

我說，應該會趕快逃開吧。

張小嚕說：「不是！」接著舉起右手，揚起五指，做出停止手勢：「爸比，你要告訴他：請保持安全社交距離！」

21

「爭執」與「解爭執」

面對孩子與同儕的衝突，我改用「一致性」的應對姿態，同時關注自己、他人，以及情境，在連結自我、安頓自我的同時，也能連結他人、安頓他人。

孩子間發生衝突，如何處理？

從前我不太懂得，不是超理智（講大道理），就是指責（論斷出誰對誰錯，訓斥犯錯者），偶爾討好（你委屈了，補償你喔）、偶爾打岔（算了算了，不要計較），直到學習薩提爾冰山對話，我才逐漸學會新的應對。

新的應對是什麼？簡單說就是，不再使用上四種方法（即薩提爾所說人類求生存的四種應對姿態：指責、超理智、討好和打岔）處理，而**用另一種「一致性」應對姿態，即「能關注自己，也能關注他人、同時也能關注情境」，又能「連結自我、安頓自我，同時連結他人、安頓他人」**。說來抽象，我且以底下事例說明。

張小嚕期盼許久，終於盼到暑假來臨，要回高雄旗山外公家，他滿心期待和表哥伯嘉、表弟阿睿一起玩。

好不容易回到旗山，結果不到十分鐘，表兄弟三人就發生爭執，鬧起彆扭了。

一開始是這樣，表弟阿睿跑來向我告狀：「姑丈，嚕嚕哥哥一直說我偷他的『戰鬥陀螺：某某某』（請原諒我記不來戰鬥陀螺各種名字），可是，這個戰鬥陀螺原本就是我的，是嚕嚕哥哥自己送兩台模型小車給我，然後要跟我交換，我沒有要跟他換，只是借他，現在我只是拿回我的戰鬥陀螺而已。」

阿睿，在張小嚕表兄弟三人排行最小，力量和權力也最小，為了要和兩個哥哥抗衡，容易陷入「委屈者角色」，透過向大人告狀、訴委屈，好讓大人為他挺身而出、主持公道，藉此扭轉自身權力之劣勢，這是身為老么易出現的應對方式。**這種應對有好有壞，好的是，善於覺察權力之間微妙的制衡關係、懂得尋求**

更多力量的連結與挹注；壞的則是，過度依賴他人、將自己形塑成「委屈人、受害者」，不易學會如何獨自面對以及處理糾紛。

若是從前，我聽了阿睿講完委屈，就會出面替他解決問題，但我只問阿睿：「你告訴姑丈，想得到什麼呢？」

阿睿回答：「我希望嚕嚕哥哥，不要把我的戰鬥陀螺要回去。」

我說：「姑丈知道了，你要自己和嚕嚕哥哥說嗎？」（藉此強化阿睿的自主意識，嘗試自己解決問題）

阿睿說好，便轉頭走回客廳去交涉了。

一會兒，阿睿的哥哥伯嘉出現在我身旁，坐進藤椅，板著一張臉，不發一語。我問他怎麼了？

伯嘉說：「嚕嚕弟弟一直說，我弟弟偷他的戰鬥陀螺，語氣很不好，我覺得他在欺負我弟弟，我不想跟他玩了！」

三個表兄弟都期盼了好幾個月，好不容易聚首同玩，結果不到十分鐘，三個人就全鬧僵了。

若是以前，我會覺得可笑，又有些生氣，我會責備張小嚕，因為他是阿睿的表哥，資源又比阿睿多（玩具多很多），理應要會分享、會體諒、甚至慷慨豪爽些，怎會如此不懂事、如此吝嗇、如此斤斤計較？我會對張小嚕義正辭嚴講大道理，再訓戒一頓，如果張小嚕還嘰嘰呱呱、心不甘、情不願，我的聲音就會轉大、語氣越發激昂；若張小嚕再不順從，我會更強勢逼迫他順從。簡單說，就是用父親的威勢，迫使張小嚕聽話。結果呢？張小嚕當然氣嘟嘟，老大不爽，不以為然。

但學習薩提爾冰山對話之後，先是出現一份「覺察」進到心裡了：我還要繼續這樣應對嗎？這樣對父子關係是好的嗎？難道沒有其他更好的方式了嗎？我要不要嘗試其他不同做法？

因為出現了這份覺察，我想嘗試新的應對方式，即使當時，我並不十分有把握。

我走進客廳，伯嘉表哥也隨後跟著。我看見張小嚕站在沙發上，瞇著眼，一臉怒氣，直盯著表弟阿睿，像低吼的引擎反覆說著：「阿睿，把偷走的戰鬥陀螺還來！」

阿睿全身站得僵直，發言解釋：「我沒有偷，那是我的。」

張小嚕說：「你已經跟我換了，那是我的！」

阿睿說：「我現在不想換了！」

張小嚕說：「不行！換了就是換了！不能反悔！」

我看張小嚕咄咄逼人，馬上就理解，表哥伯嘉為什麼會覺得張小嚕欺負他弟弟。要是以前，我一定先責罵張小嚕，怎麼這樣沒禮貌？但此刻，電光石火之際，一份新的覺察又進來了：我需要先要處理的，並不是張小嚕，也不是阿睿，而是想罵張小嚕的，我。

我怎麼了？為什麼我會想罵張小嚕？

我停了一會兒，什麼都沒做，**只是先關注自己的內在，發現自己正生著氣、出現許多煩躁——我察覺到了內在這些情緒，很快承認、並允許有這些情緒，再靜靜與它們共處，逐一接納，同時告訴自己：「即使我生氣、煩躁，我也沒有像過去一樣，直接做出反應，而是努力先回應、照顧、關照自己的情緒，同時設想**

新的應對方式，我真的和以前不同了，我喜歡現在努力改變的自己」。內在情緒，沒想到竟逐漸穩定下來了。

情緒穩定後，我才有能力再讓新的覺察進來，覺察我的觀點，除了既有的、固著的舊觀點，還有沒有其他更多可能的新觀點。例如，為什麼我認定張小嚕一定要忍讓（張小嚕可以不忍讓嗎）？為什麼我的想法，張小嚕一定要遵從（他不能有自己的想法嗎、他不能有自己的原則嗎）？為什麼我很快就判定誰對誰錯（對錯為什麼是由我來決定）？為什麼孩子間出現爭執，我一定要介入解決、主持公道（孩子們不能爭執嗎、孩子們不能自己解決爭執嗎）？為什麼我不喜歡張小嚕和他人爭執（爭執發生不是很好的學習和成長機會嗎）？我真正的在意是什麼（我知道孩子們真正在意的是什麼嗎）？……

情緒先穩定，觀點緊接著鬆開後，我發現，整個人的狀態就漸次平和下來了。**我也比較能夠展開「好奇」和「探索」，好奇小孩們發生了什麼事，探索他們的內在怎麼了。此一歷程，恰恰是大人先有了這份覺察、關注、照顧、安頓、好奇、探索、以及逐漸平和的歷程，才有能力幫助孩子走過同樣歷程。**

我先問張小嚕：「張小嚕，你還好嗎？我看你在生氣啊？（關心對方）發生什麼事了？」（詢問雙方認定的客觀事實）

張小嚕說阿睿偷他的戰鬥陀螺，阿睿說是張小嚕和他交換的，來回各說了一輪，結果並不是張小嚕拿兩台模型小車換的，而是張小嚕拿另外一顆戰鬥陀螺和阿睿交換（阿睿也同意這一點），現在阿睿又把換走的那一顆陀螺拿回去了（還好我沒有直接罵張小嚕，那就誤會更大了）。

我又問：「張小嚕，你發現你的戰鬥陀螺不見了，是不是很生氣？」（切入感受）

張小嚕挺直身軀，答聲響亮：「對。」

我轉頭問阿睿：「嚕嚕哥哥說你偷他的玩具，你有什麼感覺？」

阿睿說：「姑丈，我沒有偷嚕嚕哥哥的玩具，那顆戰鬥陀螺原本是我的，我很喜歡，我想要拿回來。」

張小嚕忍不住插嘴了：「你有偷！那是我的。」

我問阿睿：「你聽到嚕嚕哥哥說他很生氣，你有什麼感覺？會覺得害怕、難過或生氣嗎？」

阿睿呆立著，點了點頭。

我問張小嚕：「你怎麼看這件事？」（切入觀點）

張小嚕：「阿睿偷我的戰鬥陀螺！」

阿睿急忙解說：「我沒有偷嚕嚕哥哥的戰鬥陀螺。」

我又問張小嚕：「你想怎麼處理這件事？」（切入期待）

張小嚕說：「我要阿睿把戰鬥陀螺還回來？」

我問阿睿：「阿睿，你聽嚕嚕哥哥這樣說，你的想法是？」

阿睿說：「我希望嚕嚕哥哥，不要把我的戰鬥陀螺要回去。」（張小嚕又忍不住插嘴：「那顆本來就是我的！」）

我對阿睿說：「嚕嚕從好幾個星期前就一直期待回來，好不容易回到旗山，終於可以和伯嘉哥哥、你一起玩，結果不到十分鐘，嚕嚕發現他的東西不見了，被阿睿拿走，心裡很生氣，伯嘉哥哥又覺得嚕嚕在欺負他弟弟，如果你是嚕嚕，會不會覺得嚕嚕很委屈？」（連結渴望）

阿睿點了一下頭，我瞥見張小嚕臉上的憤怒減少許多，而且眼光泛淚。

我再轉頭對張小嚕說：「阿睿很喜歡那個戰鬥陀螺，原本是他的，現在他想要拿回去，卻被嚕嚕哥哥說成『偷』東西，他會不會覺得難過、覺得生氣？」

張小嚕忽然說：「他可以先跟我說啊！不要自己拿啊！」（我還沒問，張小嚕就先說出了自己的「新期待」，「舊期待」則是一定要把他的戰鬥陀螺拿回來——如此一來，剛剛還壁壘分明的兩個對抗觀點，突然出現了新的可能）

我說：「張小嚕，你的意思是，你希望阿睿把戰鬥陀螺拿回去之前，先徵得你的同意，是嗎？」（核對「新」期待）

張小嚕說：「對！」

我問阿睿：「你聽到嚕嚕哥哥說：『希望你拿回戰鬥陀螺之前，可以先跟他說』，你有什麼想法？」

阿睿說：「可是我怕嚕嚕哥哥不答應！」

我對阿睿說：「你要不要現在試看看？」

阿睿馬上轉頭對張小嚕說：「嚕嚕哥哥，我可以把戰鬥陀螺拿回去嗎？」

張小嚕說：「那你要拿什麼東西來跟我交換？」（張小嚕再次提出另一個「新期待」。如果張小嚕拒絕阿睿，我也已經想好，會問他們兩個：「你們想想，還有什麼方法，可以解決現在的僵局？」——這是柯維提出七個好習慣「雙贏思維」的「第三種選擇」）

阿睿很認真，開始逐一說出他擁有、並且願意交換的戰鬥陀螺的名字，張小嚕逐一聽著，都不滿意，名字換過一個又一個，直到說了某某某（我當然記不得），張小嚕終於露出笑容，答應交換了。

表兄弟終於達成共識。

我問阿睿：「你怎麼會想到用其他戰鬥陀螺來交換？」

阿睿說：「嚕嚕哥哥說的啊！」

我又問：「你怎麼會反應這麼快，可以解決這麼困難的事情？」（正向好奇）

阿睿說：「姑丈，我不知道。」（孩子不一定要回答出來，這樣的提問只為了強化孩子的覺知能力和正向資源）

我再問張小嚕：「你怎麼會這麼快就接受新的交換和改變？」

張小嚕說：「因為阿睿新換的那個戰鬥陀螺，我從以前就很喜歡了啊！」

我又問：「張小嚕，你怎麼會這麼有創意，想出這種解決方法？」（正向好奇）

張小嚕說：「我不知道啦。」（同樣不一定要回答得出來，只為了要強化孩子的覺知能力和正向資源）

我回頭對張小嚕的表哥說：「伯嘉，你看嚕嚕和阿睿這樣處理事情，還會覺得嚕嚕欺負阿睿嗎？」

伯嘉說：「不會！」

我說：「現在你們可以一起玩了嗎？」

伯嘉說：「可以。」

然後，三個表兄弟又和好如初，毫無芥蒂的一起玩耍了。

有驚無險，這是第一次，我有意識、有脈絡、採取全新不同應對方式，處理同儕之間的衝突，最後順利讓大家回復到平和狀態，感覺非常奇妙。事後，我很興奮打電話給崇建，說明整個過程，崇建說：「太好了，這樣就對了，**身為父母，既沒有當檢察官、也沒有當法官，沒有介入，也沒有責備，而是不斷好奇、**

引導和核對，連結孩子內在的渴望。」

我覺得崇建說得太對了。**從前，我都太習慣用自己的觀點、評價、想法、價值觀，直接強加在孩子身上，做出自以為是的正確判斷與處置，卻不在乎孩子本身的觀點、想法，以及內在的各種情況。**

有了這次經驗之後，我逐漸摸索、整理、掌握應對爭執的幾個重要技巧，後來多次用來排解學生之間或老師之間的各種爭執，效果很不錯，而且我還教會了幾位老師，採用這樣的方法排解學生之間的爭執，效果亦不錯（有一次，我就在旁邊，看著鍾莙億老師用此一方法應對兩位學生的爭吵，過程非常精采，結果也很動人）。我簡單歸納出四項要點，分別是：

一、**先讓自己的內在穩定下來。**

二、**真誠關心每一個人，包括自己。**

三、**打開雙方的內在。**（透過冰山提問，幫助雙方打開內在的感受、觀點、期待和應對）。

四、**幫助雙方連結。**（渴望）

逐漸熟練之後，在第三和第四時，可以自由穿梭，從一開始問A和B，讓雙方各自陳述，到後來問A之後，就可以進行連結，直接問B：「你聽A這樣說，你的感覺（想法、期待、應對）是？」一方面打開內在，一方面連結雙方。而且不需超理智、指責、討好或打岔，也不用委屈某一方，而是可以讓雙方安頓，甚至雙贏、多贏。

我跟著崇建學習多年，好不容易學會解除紛爭的方法，順利排解了嚕嚕和同儕之間的糾紛。但我還想要更多，我想讓張小嚕也學會這些技巧，即使很難，但我相信，張小嚕總有一天也能學會，我會持續教他（我能教會老師，感覺應該也能教會小孩），而且他自己曾經被這樣對待過。

我想到，張小嚕如果學會了，他就不會再讓情緒做出直接反應，而有另一種新的選擇、新的可能，用「一致性」的對待自己、對待他人，我相信他學會，將來也能分享給更多人，這是他人生多麼重要的素養和能力啊。

嚕嚕語錄

〔薩提爾與薩古魯〕

崇建介紹我看薩古魯在 YouTube 上的影片，我收穫非常多，對於冰山底層的渴望與自我，有更深的體會。

有一天，我跟崇建說：「你有沒有發現，薩古魯和薩提爾有一個共通點？」

「是什麼？」

「他們都姓『薩』。」

崇建聽完之後，笑了。

我滿懷期待，也轉述給張小嚕，張小嚕回應很直接：「不好笑！」

22

你會選誰？

面對孩子超出父母預期的言行時，大人常常就會忍不住開始超理智、泛道德論，而忘了可以有更多的好奇。

「如果你是張無忌，三個愛你的女人，周芷若、趙敏、殷離，你會選擇誰？」我問張小嚕。

張小嚕跟張媽咪一起追劇，從《笑傲江湖》到《射鵰英雄傳》、《神鵰俠侶》、《倚天屠龍記》。我也跟著看了幾部，方便和張小嚕聊天。看完《倚天屠龍記》後，閒聊時，我問了張小嚕這個問題。

熟悉金庸《倚天屠龍記》的讀友一定知道，張無忌當上明教教主前後，共有三個愛他的女人：

一是「周芷若」，峨嵋派第四代掌門，清麗秀雅，容色極美。漢水船夫遺孤女，幼時與張無忌相識，對張無忌有餵飯之情，孤苦伶仃，一開始被武當派掌門張三丰營救並收留，後引薦至峨嵋派掌門滅絕師太門下，成為峨嵋弟子。

周芷若性格之轉變，以「靈蛇島」為界，前期，周芷若善良溫柔，嫻雅得體；後期，在師父滅絕師太遺命的巨大壓力（其遺命為取出倚天劍屠龍刀中的祕笈和兵書以光大峨嵋、將蒙古人逐出中原、不許周芷若與張無忌有任何感情糾葛），以及「對張無忌的感情由愛轉恨」的刺激，性格大變，成了一個不在乎人命的女魔頭。（金庸修改《倚天屠龍記》，其中對周芷若的性格，由好轉壞，如何再由壞轉好，真是煞費苦心，多番修改）

二是「趙敏」，本名敏敏特穆爾，父親為「汝陽王」，因此受封「紹敏郡主」，大元第一蒙古美女。趙敏直率豪爽，精明能幹，足智多謀，追求愛情單刀直入，果敢堅決，毫不猶豫，可以為了張無忌拋棄一切榮華富貴、形象聲名。

趙敏可粗略以「綠柳山莊」、「靈蛇島」為三期，綠柳山莊首遇張無忌之前，蠻不講理、心狠手辣；綠柳山莊至靈蛇島之間，因愛上張無忌而開始出現「善惡交纏與消長」，善念逐漸滋生；「靈蛇島」之後，篤愛張無忌，真正棄惡、揚善。

趙敏和周芷若，非常明顯的對比，周是孤女、趙是富貴千金；周個性被動內向、趙個性主動外向；周是由善轉惡、趙是由惡轉善；周孤苦伶仃、自幼寄人籬下，從什麼都沒有，到費盡千辛萬苦好不容易才當上掌門，一切都是得來不易，要拋棄這一切談何容易，趙出生貴冑之家，自幼便擁有一切，呼之即來，揮之不去，但最後仍願意為愛情拋棄一切。

三是「殷離」，張無忌表妹（張無忌媽媽殷素素的哥哥殷野王的女兒），性格倔強剛烈，因二娘與兄長欺負母親，親手殺滅二娘，遂離家四處流浪，拜靈蛇島金花婆婆（黛綺絲）門下。幼時，在蝴蝶谷初遇少年張無忌，欲帶張無忌去靈蛇島作玩伴，無忌不肯，掙扎時遭她咬傷（後來趙敏為此吃醋，也咬了張無忌一口，張無忌手上愛情咬痕還真不少），豈料殷離對他一咬定情，情根深種。長大後，殷離練得母親所傳的千蛛萬毒手，以血飼蛛，絕美容顏因毒化而變得醜陋。

其後遇到化名曾阿牛的張無忌，曾與之許下婚諾。後在靈蛇島，因周芷若嫉恨殷離為張無忌得未婚妻身分而遭到毒手，但大難不死，毒素隨血液流盡，容貌恢復，絕美無比。

後來我轉述和張小嚕的這段對話給李崇建聽，崇建說：「你漏問了一個人，小昭。」「對！」謹補充於下：

四是「小昭」，中國和波斯的混血兒，性格溫柔和順，容貌秀美絕倫，是明教「紫衫龍王」黛綺絲（後易容為「金花婆婆」）之女，小昭為了母親黛綺絲身為波斯明教聖女卻犯失貞之罪，自願為婢，潛伏西域崑崙山光明頂的明教總壇之中，盜取失落多時的鎮教之寶「乾坤大挪移」心法，為母親以向波斯總教贖罪。在光明頂因緣認識張無忌，被張無忌的溫柔與風采折服，從此死心塌地，希望永隨身旁，自願當貼身丫鬟。其後在靈蛇島上，為了解救被波斯明教教眾包圍的張無忌等人，自願替黛綺絲成為聖女，並隨母親折返波斯以贖其罪愆，並解救眾人之圍。金庸在《倚天屠龍記》一書的後記寫道：「周芷若和趙敏都有政治才能，因此這兩位姑娘，雖然美麗，卻不可愛，我自己心中，最愛小昭。」

現在回到張小嚕，面對三個女人的選擇難題。

張小嚕想了一會兒，說：「我會選周芷若。」

我問張小嚕原因。

張小嚕答道：「周芷若是名門正派！」

我說：「看起來你比較戀棧明教教主頭銜，還有很在乎門當戶對。」（後來崇建聽我轉述後，說：「你太快進入分析和評斷了！應該再多一些好奇。」）

我又問：「張小嚕，你知道爸比會選誰嗎？」

張小嚕搖頭，問：「選誰？」

我說：「我會選趙敏，因為趙敏勇於示愛，非常直爽。但蒙漢身分衝突，華夷矛盾，大概不容於世，所以只好拋去一切，什麼教主頭銜、明教勢力都不要了，又像張無忌的爸爸張翠山和媽媽殷素素一樣，遠走天涯海角，避世隱居。」（崇建聽我轉述後，說：「這裡要小心，感覺你隱藏、但其實表露出自己的觀點是比較好的意圖！」）

我又問張小嚕：「你選了周芷若，但另外兩個愛你的女人，又和你糾纏不清，你要怎麼辦才好？」

張小嚕答得很俐落：「全部殺掉！」

我聽完，略吃一驚，正想著要如何矯正張小嚕的想法時，一旁安靜聆聽的張媽咪先按捺不住了：「張小嚕，你不可以有這樣的想法，殺人是不對的，不可以殺人！」

我看到張媽咪有些焦急的神情，心裡也有了一些起伏，我知道我不能這樣說，但終究還是忍不住，也重複了一句：「張小嚕，不可以殺人！」

張小嚕翻起白眼，別過頭去，嘆了一口氣：「唷！」

這個話題自然結束了，張小嚕不想聽，也不想繼續談了。我知道這個對話到此結束，很失敗，但勉強繼續下去，也不會有什麼好結果。可我心裡存有芥蒂，我相信張小嚕也是，張媽咪更是，所以仔細想了兩天，才又向張小嚕重提起此事。

第二回合

趁著張小嚕上床前，我們在床邊談心，我說：「張小嚕，爸比上次問你，如果你是張無忌，你會怎樣對待你沒選擇的女孩，你說你會『全部殺掉』……」我剛講到「全部殺掉」四個字，張小嚕馬上就有反應，和上次一模一樣，又是翻白眼，別過頭，嘆一口氣：「唷！」

我問他：「唷的意思，是很煩嗎？」（核對感受）

張小嚕點頭，說：「對啦！」

我說：「張小嚕，爸比知道你很煩，爸比上次和你談完之後，我也覺得不太適合，你想聽聽爸爸的想法嗎？」

張小嚕沒有說好，也沒有說不好。

我停了一會兒，繼續說：「當你說把其他女人『全部殺掉！』時，我心裡有一個擔心，我想，張媽咪應該也有同樣的擔心。」

張小嚕忽然眼神一亮，語氣緩和下來：「擔心什麼？」

我說：「因為我會回想起以前看過好幾次同樣的新聞，男女朋友談判分手時，男生一怒之下，就把女朋友殺掉，忽然就擔心起來，如果你現在有這樣的想法，以後會不會也這樣做？」

張小嚕噗哧一笑：「爸比，你不是問我，如果我是張無忌，我沒選的女生來糾纏，我會怎麼辦？那時候，我想的是，如果我是作者，我是金庸，我一定要語不驚人死不休，所以才會說，『全部殺掉』！現實生活，我怎麼可能會這樣做！」

我一聽，心中石頭頓時落下，而且發現還好我有學過薩提爾，覺察到自己的超理智應對姿態，覺察到即使第一次對話失敗收場，我願意接納自己失敗，也願意再努力嘗試，失敗沒有關係，我要一直往好的方向前進。

我後來和崇建公開對談時，又重提此事。崇建說，當孩子說「全部殺掉」的時候，大人常常就會忍不住開始「超理智」、「泛道德論」，而忘了可以有「更多的好奇」。同時，父母出現那樣的擔心，似乎也失去了自我「家庭教養」的信心。

我和張小嚕說：「對不起，爸比應該聽你說完才對，而不是直接打斷你。」

張小嚕說：「沒關係啦！」然後，張小嚕又補了一句：「爸比，你和媽咪都好會亂擔心喔！」

後來，我和崇建聊起三個女人的選擇，崇建提醒，還有一個小昭。他聽我說，我選趙敏，張小嚕選周芷若之後，他也說了他自己的選擇：「三十歲前，我會選小昭；三十歲後，我會選趙敏。因為三十歲前，我的個性沒有辦法和趙敏相處，一定吵吵鬧鬧，小昭溫婉乖順，容易相處。三十歲後，我學了薩提爾，開始走向一致，就能和充滿鮮明個性的趙敏融洽相處了。」

第三回合

聽完崇建「選或不選」的分析之後，我覺得很有意思。回到家之後，我又和張小嚕聊這個話題，我問張小嚕「不選其他三個女生的原因」。這一次，我把小昭加進來了。

我先問張小嚕，不選「趙敏的原因」是？

張小嚕說：「是非不分，工於心計，心狠手辣！」

我說：「可是趙敏愛上張無忌之後，就痛改前非，改邪歸正了啊。」（這就是薩提爾冰山渴望層的「愛」，趙敏體驗到了「愛」就能產生「改變」）

張小嚕說：「話是這樣說沒錯，但是趙敏是真心悔改、還是假悔改，很難說！而且改邪歸正，持續多久，是一陣子，還是一輩子，也很難說！」

我又問張小嚕，那不選「殷離的原因」是？

張小嚕答：「怪里怪氣，而且練的都是邪門狠毒功夫！」

我又問張小嚕，不選「小昭的原因」是？

張小嚕說：「小昭比較適合當婢女吧？」

張小嚕補充很妙，和三十歲之前的崇建阿伯觀點截然不同，他說：「我要娶老婆，不是要娶婢女。婢女，不是花錢請就有了嗎？」

嚕嚕語錄

【金庸最常見人物】

張小嚕問：「爸比，你知道金庸小說裡面哪一個人物最常見？」
我猜不出來。
張小嚕說：「張無忌。」
我問為什麼？
張小嚕說：「因為一望無忌。」
我覺得挺有意思，問：「是你自己編的嗎？」
張小嚕說，是。
我說，還滿有創意的喔。

23 后翼棄兵要棄什麼？

當一個人真正「體驗」到「渴望」，就會產生改變的動力。《后翼棄兵》主角哈蒙的故事印證了這一點。

李崇建在《薩提爾的對話練習》一書中提到，**「認知」並不容易改變一個人，而是「體驗」之後，比較容易產生改變的力量**。

例如，抽菸的人，難道不知道抽菸對身體有害？但還是忍不住抽，這就是即使「認知」了，也不容易改變人。但是抽菸的人一旦談戀愛，戀人希望他不要抽；或者有了小孩，不希望小孩抽到二手菸，就比較容易戒菸。這是因為「體驗」到了「愛」。又或者，吸菸者忽然得了癌症，很快戒了菸，這是「體驗」到了身體的「價值感」。

《后翼棄兵》的女主角哈蒙，九歲時母親因車禍死亡，進入孤兒院，一九五〇年代的孤兒院會餵食孤兒鎮靜劑，希望讓孤兒受創的心靈回復平穩。哈蒙因目睹母親車禍死亡（可見童年創傷極大），逐漸服食鎮靜劑成癮，意外在孤兒院地下室校工薛波的工作室學會下西洋棋，薛波發現哈蒙的下棋天賦，介紹給當地高中西洋棋社指導老師，哈蒙先是以一敵二，和薛波及高中老師下盲棋，之後又到高中以一敵全棋社男社員，悉數殲滅。（這一情節與阿城的《棋王》很類似）

這裡有一處值得一提，哈蒙從西洋棋的天賦和表現中，體驗到了「價值感」。但這樣的價值感，隨著哈蒙被領養，逐步征服全美賽、抵達世界大賽，被蘇聯西洋棋大師、世界冠軍擊敗，她的價值感潰堤，她又回到吃鎮靜劑、酗酒，拒絕所有人的關心的那個內在孤單、無助、受創的童年狀態。（用薩提爾的應對姿態來看，就是「打岔」，既不和人、情境連結，也不和自己連結）

後來的轉折是什麼呢？（我覺得編劇寫得真好，不知道原著小說是否也是如此？）真正的關鍵是，哈蒙在孤兒院時的好友喬琳邀請下，回到孤兒院參加薛波的告別式，哈蒙再次走進地下室，看看小時候和薛波先生一起下棋的那張小桌子，卻意外看見一旁的小板子上，貼滿了薛波的剪報，那是哈蒙獲得各種州冠軍、全美冠軍的報導，還有哈蒙第一次想要報名州際賽卻沒有錢，特地向薛波先生借五塊美金（當時五塊應該不少錢，因為哈蒙住的別墅才七千元）的信，薛波也都張貼在小板子上。

哈蒙回到喬琳的車子上，開始嚎啕大哭，傷心落淚。

這是哈蒙第一次體驗到了「愛」，體驗到了毫無條件、沒有任何目的、沒有額外企圖的關心、關切與關愛，這也是第一次哈蒙連結了自己、他人與情境，讓愛流進了自己的心靈。

在此之前，哈蒙就像驚弓之鳥，她需要察看各種人的臉色，才能在孤兒院、被領養的家庭當中生存，她需要壓抑自己的各種感受（以致後來出現人際困難）、不和自己連結，就只能和西洋棋連結（她說了一句很經典的話：「在棋盤的六十四格上，我是真正的主宰者。」但實際上，她連自己都主宰不了），這還是好的，壞的就是去和酒、鎮靜劑連結（換成當代，就是和菸、電玩、電視連結）。

哈蒙的眼淚，是為薛波，其實也是為自己。後來領養她的養母和她征戰各地，最後因病死在墨西哥的棋賽飯店裡，哈蒙也沒有哭，即使她知道養母和她相依為命，但她清楚知道，養母是想透過領養她來解決自己的喪女之痛、夫妻問題，哈蒙的棋藝好表現更為養母解決了經濟上的困窘。哈蒙知道，那當中沒有真正的愛，即使有，也很稀薄，存留在種種利害盤算之下。

但是薛波不同。哈蒙體驗到真正的愛之後，連結了自己之後，她才真正有能力去連結他人，包括她小時候的患難好友喬琳，居然把她辛苦存多年準備讀大學的錢拿出來支助哈蒙到蘇聯比西洋棋世界大賽，更對她說：「關心你的人不是只有薛波，我也是，我一直追蹤你的各種消息，剪貼各種資料，還花錢去買永遠不會讀的西洋棋雜誌，只因為封面有你的照片。」（喬琳真是很會「表達渴望」，以前哈蒙應該不相信、聽不進去，但是現在她都能聽進去、聽懂了）後來她的棋友們（州冠軍、全美冠軍棋手），更通過電話在背後支持她。

哈蒙，不再孤軍奮戰，她體驗到愛之後，敞開了自己的心靈，接納了自己，同時也接納他人的幫助與助力，形成了一個強大的團隊。

電視劇的最後一戰，哈蒙不再需要鎮靜劑、酒，她只需要依靠自己（《后翼棄兵》中的棄兵是為了讓皇后出場；哈蒙棄掉鎮靜劑和酒，為的是讓自己的本我可以真正登場），以及所有人的善意，一起擊敗蘇聯的世界冠軍。

就像崇建所說的，**當一個人真正「體驗」到「渴望」（愛、接納、價值和自由），就會產生改變的動力，我非常認同。我也認為，人一旦體驗到渴望，同時也能產生源源不絕的、巨大的生命力。**

最後一幕，哈蒙走在莫斯科的街頭，和街道上一群熱愛西洋棋的老人們下棋，那一剎那，我相信，哈蒙一定體驗到了「自由」，真正的「自由」，是屬於心靈的自由！

更奇妙的是，張小嚕自從看了《后翼棄兵》後，開始自學西洋棋，後來還教會了我如何下西洋棋。張小嚕找到的自學資源是什麼呢？是任天堂 Switch 有一款「世界遊戲大全51」，裡頭有全世界的傳統經典遊戲，其中就有「西洋棋」（當然也有象棋，也有日本的將棋），會先簡要說明規則，然後可開啟提示功能，每個棋子該如何下，何處可攻擊，哪裡有危險，都有詳細各種顏色提示。如果沒有，我覺得應該會亂下一通吧。這也是電腦為何會擊敗西洋棋冠軍的主因，電腦反應太快了！電腦不用像哈蒙一樣死記各種大師棋路，只要輸入就可以擊敗絕大多數好手，所以我們需要教會學生更多超越電腦的能力，如創造力——這也是學思達珍貴之處。張小嚕常說我，三句不離本行！

注：

《后翼棄兵》（*Queen's Gambit*）劇名很酷，到底什麼意思呢？維基百科的解釋如下：「后翼棄兵」是一種西洋棋的封閉性開局方式，走法為 d4 d5 以及 c4。其中的 d4 d5 即為封閉性開局，之後白方應 c4，即為后翼棄兵，由於 c4（后翼）的兵可能會被吃子，因此得名。

如果不會下西洋棋，應該也是一頭霧水，所以可以自學一下。我和張小嚕都弄懂了，簡單的說就是要讓「皇后」這個棋子，在開局的時候，就可以展開更多棋局的控制。

嚕嚕語錄

【讀四遍】

張小嚕英文課回家作業，是唸一篇兩小段文章給父母聽，重複唸三到四次。

第一句是「My friend Javier is from Spain」，張小嚕氣定神閒開始唸：「My My My My friend friend friend friend...」

我趕緊喊停，問他在做什麼？

張小嚕說：「我每一個字都唸四遍啊！」

24

教孩子靜坐、正念與冥想

學會靜坐，是孩子一輩子最重要的能力之一，將來無論這個世界如何變化，孩子都能有一個安和、穩定、溫暖、有力量的內在，陪伴自己一輩子。

我自己靜坐近十年了，受益良多，十年間曾接受過幾位高人指點，逐漸有些心得，也嘗試教過幾位朋友，某天忽然想到，何不也教教張小嚕？

於是我開始認真教起張小嚕，張小嚕學靜坐，最常講的就是：「爸比，我全身軟綿綿了。」

我且先來說說開始靜坐的原由，我在奉元書院聽課時，毓老師曾說過：「宋儒功夫，一半是學問，一半是靜坐。」順道提及靜坐方法，說：「靜坐什麼姿勢都不重要，要點是在，全身放鬆，呼吸深長。」毓老師談靜坐、談養生，我就比較容易接受，老師當時九十八歲了，氣色紅潤、聲若洪鐘，感覺只有七十歲上下而已，談養生，如果本身壽命不永，感覺就很奇怪。後來我又知道，毓老師八十五歲曾動過手術，此後便不上床睡覺，夜晚只在沙發靜坐（學長說，這是練不倒丹），直至一百零六歲離世。

我依循毓老師所說兩個要點，全身放鬆、呼吸深長，開始了簡單靜坐。其後，我又自學了幾本書，一本很重要，是意外在舊書店購得的陳子琳《內功與靜坐祕笈》，提到靜坐時的幾個重要觀念，簡單扼要，對我幫助很大。

我也讀了楊定一博士的暢銷書《靜坐的科學、醫學與心靈之旅》，剖析靜坐背後涉及的科學、醫學原理，讓我能更深入理解，尤其呼吸與自律神經（交感神經、副交感神經）之間的關聯。很久以前，我就曾問過友人呂冠緯醫師「靜坐（深呼吸）和醫學的關係」，冠緯當時就曾經告訴我，後來又在楊先生的書上看到，就更加理解了。

又讀到初學靜坐者，如皮科・艾爾（Pico Iyer）所寫的《靜思的藝術》，寫他初嘗靜坐，感受到深刻欣喜，我感覺之前我走的方向和路徑是對的。

而最重要的一本書，是喬・迪斯本札（Joe Dispenza）的《開啟你的驚人天賦》，書中提到十種冥想方式，又以量子物理學、生物醫學，將冥想與腦波、神經學、量子結合在一起，很科學，也很深入，非常精采。

我靜坐約一年半之後，出現了一次奇妙的特殊經驗。

當時，我和妻正在新疆旅行，從東疆的烏魯木齊坐長途火車到西疆的伊犁，漫長的火車途中，我長時間在車上靜坐，肚臍處忽微微發熱，我原以為是蓋毛毯造成，移開毯子後，肚臍處仍舊發熱，我當時想，這該不會就是書上寫的「氣貫丹田」？後來，我逐漸掌握讓肚臍處發熱的呼吸方式，最後可以穩定的讓肚臍持續發熱，又能再將這股熱氣，由下腹部往脊髓上送，繞過頂門再回到肚臍。後來有高人跟我說，這就是「小周天」。（許多高人們可能認為這樣還只是初入門的境界吧，但像我這樣只單純憑靠自學走到這裡，我自己還是覺得不可思議）高友又教我了許多功法，其中「練丹」和「意念太極」對我幫助很大。

靜坐之後約七、八年，又認識了另一位高友，他知道我會小周天，不會大周天，便問我想不想學「大周天」？機會難得，我當然急忙點頭，說要要要。

高友先教我想像自己的頭頂上有一個千萬倍的我，端坐在頭頂上，然後要我去感覺千萬倍大的我，端坐在自己頭頂上的感覺，再讓這份感覺像瀑布一下，灑落而下、沖刷而下，不斷灑落、沖刷全身。我按照高友指示，忽然全身出現一股奇妙感覺，彷彿潮湧般的電流，像春雨、像海潮、像直瀉不止的瀑布，由頭頂沖刷而下，遍徹全身，實在太美妙了。

我江西老家的大堂哥張幹明已經七十多歲，聽我描述高友教我大周天這一段，對我說：「那應該是『醍醐灌頂』的功法。輝誠弟，我也發給你《胎息講稿》，這是我五十餘年練功的體悟和傳授學徒功法之總結，願能把這一功法傳授與你，如能習練功成，將大益于強身健體，延年益壽！只不過練功須下定決心，堅定信心，持之以恆方有所成！此三心：信心、決心、恆心，是功成之必要條件！故牢記而踐行是成也！」

我經常翻閱此稿，覺得非常美好，幹明哥此書稿也從現代醫學、科學角度去談胎息。簡單說就是靜坐、呼吸和冥想的綜合體。

後來，我看崇建帶靜坐和冥想時，他會帶領學員，說：「**謝謝你（身體）愛我，我很棒，我是一個有意義也有價值的人，我愛這個世界。**」崇建會引領學員**去連結自我、連結內在深刻的渴望（愛、接納、意義、價值和自由），並且面對情緒、病痛時，不否認、也不自責，而是全然接納。因為接納，內在的觀點和情緒都會改變**；不願接納，人就會一直被自身的情緒和自責所干擾，難以安頓。

這也啟發我，**靜坐不只是身體形骸的靜坐、更是心靈的靜坐；心靈的靜坐，不只是放空和去除雜慮而已，更是和內在自我緊密連結，去靠近自己、安頓自己、可以給自己愛、溫暖和力量。**

我覺得靜坐都可以整合這些，太重要了，一定也能幫助孩子們寧靜緩和下來、學會善待情緒與壓力、學會和自己的身體與心靈同在安處，所以我想要也教會張小嚕。

我初步教張小嚕的基本重點，大約四點：深呼吸、放鬆（前兩者是靜坐的核心）、意識（正念，就是「處在當下」）、冥想。後來我也教會張小嚕一點點練丹之法，因為較難，以後有機會再詳說。

一是深呼吸。呼吸要慢、深、緩、細。透過深呼吸，可以去呼應、甚至調解自律神經（自律神經，分為交感與副交感神經，支配內臟器官，負責維持生命基本必要機能的神經系統，包括心跳、體溫調解、呼吸、消化、流汗等等，自律神經不受大腦意志控制，如大腦無法下令心臟跳快或跳慢。奇妙的是，自律神經很敏感，雖然不受大腦控制，卻容易受「情緒、外部刺激」影響，如緊張時，交感神經會亢奮。長期外部刺激，如壓力過大，交感神經就會處於過度亢奮，產生各種症狀，如胸悶、心悸、消化不良等等）。初開始練習深呼吸，只要十幾次之後，身體就會有一個奇妙變化，舌頭下方會生津（就是會流口水），並且透過深呼吸可以緩和情緒，情緒又牽動自律神經，回到平和狀態。

二是全身放鬆。由上而下（或由下而上），去感覺每一處肌肉，然後放鬆，如果一開始做不到，就先全身緊繃，再放鬆，如此數次。做放鬆（或先緊繃再放鬆）時，思慮要集中在身體、在呼吸本身上，如此大腦就會活在當下，活在此時此刻（因為大腦思緒天馬行空，經常停在過去、奔向未來，或者他方，並不在此時此刻的當下），活在和自己身體緊密結合在一起，這也是正念的基本觀念。

三**是意識**。**練習用意識去感覺身體，身體就會有反應**，我最常用來說明的方式，就是用手掌去靠近對方的額頭，對方額頭會升起一種感覺的反應，微微的麻刺感，像電流，讓對方先去覺察這份微細感覺，再慢慢練習控制這份感覺，從一處地方逐漸移往全身各處。練習久了之後，就能隨時隨地召喚出這種感覺（類似電流）。

四是冥想。冥想的方式太多了，可以根據個人喜歡而變化。我印象最深刻的是，高友曾帶著我冥想去宇宙太空之間翱翔，我覺得非常特別；如果不知道如何冥想，我非常推薦 YouTube 上的《Relaxed Rachel放鬆瑞秋》頻道，其中「無條件愛、接納自己」和「自我提升、正面肯定」非常類似薩提爾（連結渴望），很有力量，偶爾我和張小嚕、妻一起靜坐時，也會放來聆聽。

第一次，我教張小嚕呼吸時，剛好張小嚕的表哥伯嘉、表弟阿睿也在場，我就同時教他們，當時恰好臨睡前，三個孩子都在床上。我讓他們用最放鬆的姿勢躺好，先教他們依照我的指示深呼吸，「呼——吸——呼——吸——」吸氣時，同時把注意力放在肚子（腹部鼓起，即腹式呼吸的特徵，躺著時更容易覺察），吐氣時，把注意力放在鼻腔，感覺呼出喉嚨和鼻腔的氣流。如此反覆十次之後，我問他們，有沒有感覺到舌頭下，有口水流出來。三個孩子都說有。

然後，我又教他們放鬆。我先做了一次示範，當我張口笑時，嘴角上揚，臉頰肌肉都緊繃；放鬆時，嘴角自然下垂，臉頰的肌肉也鬆開了。我讓三個孩子都各自笑一次、放鬆一次，去感覺肌肉放鬆的狀態。

接著，就讓他們閉上眼睛，深呼吸，跟隨我的聲音放鬆：「感覺頭皮，然後放鬆；感覺額頭，放鬆；感覺眼睛，放鬆；感覺臉頰，放鬆；感覺下巴，放鬆；感覺耳朵，放鬆；感覺脖子，放鬆；感覺胸部，放鬆；感覺肚子，放鬆；感覺背部，放鬆；感覺屁股，放鬆；感覺右手臂，放鬆；感覺右手掌，放鬆；感覺左手臂，放鬆；感覺左手掌，放鬆；感覺右大腿，放鬆；感覺右小腿，放鬆；感覺右腳掌，放鬆；感覺左大腿，放鬆；感覺左小腿，放鬆；感覺左腳掌，放鬆；感覺全身，全部都放鬆。」我讓他們再多一點時間去感覺全身都放鬆的狀態。

張小嚕的表弟阿睿，很可愛，說：「姑丈，很舒服，我可以直接睡著嗎？」

我說：「可以啊！」

然後，我再用手掌放在還沒睡著的張小嚕和伯嘉的額頭前，讓他們去感覺額頭的感覺，這是大腦意識集中在身體某個部位時，身體就會有感覺（類似電流），再讓他們用意識去移動這股電流。嘗試幾次之後，張小嚕說他可以做到，伯嘉也說可以做到一點點。然後他們兩個就舒服的也睡著了。

後來，我還教了張小嚕在靜坐時冥想，一開始都是翱翔外太空，後來我找到很棒的冥想引導影片，其中《Relaxed Rachel放鬆瑞秋》頻道的「自我提升，正面肯定」（https://reurl.cc/95zyjv），我認為非常貼合冰山底層的「渴望和自我」，每次聽都有很深的感動，我感覺自從我開始推廣學思達之後，我的生命狀態很吻合瑞秋的引導語（所以我也分享給學思達核心老師一起聽，我想核心老師應該會有很深的共鳴），我忍不住將引導語逐字打出來，光看文字就很有力量，加上搭配音樂、瑞秋輕聲誦唸，力量更大了：

「我無條件的接受、愛著關於我自己的一切

我是安全和完好的
我身處於一個充滿著無限可能的宇宙
我和這個奇妙的宇宙充分連結著
我值得這世間所有美好的事物
我可以擁有健康的人際關係
我的人生可以對這個世界產生積極的影響

我的內心非常強大有力
我心懷善意，並且會吸引同樣善意的人到我身邊
晚上我可以安穩地進入睡眠，而醒來時精神充沛
美好的事情都會一件件發生在我的生活中

我可以堅定而勇敢地追逐夢想
我關愛並善待我自己

我可以看到自己人性中的美好和純淨
我可以坦誠大方的給予自己欣賞和肯定

我對未來有著孩子般的嚮往和期待
過去的一切並不能定義現在的我
並且現在的我有能力為自己書寫未來

我對自己擁有的一切心懷滿足與感恩
我有才華與能力做好自己的工作
我確信生活會給我所有的疑問完美的解答
即使此時此刻，我還暫時不能看到所有的答案

我可以充分相信自己，並且這份自信會與日俱增
我是安全的、健康的、完好的

我的身體和意識都會不斷得到修復與滋養
我總是能夠發覺這個世界和人們身上所具有的溫暖和光芒
我每天都會主動關愛自己的身體和感受
我身體裡蘊含著無窮無盡的潛力，我會不斷發覺和培養它們

我認可並珍視自己存在的價值
我可以專注聆聽並遵循自己內心的聲音
我會為自己創造一個嶄新的、幸福的未來
我的生活將會充滿健康、和諧、活力、歡笑和希望」

我忽然覺得，學會靜坐，是孩子一輩子最重要的能力之一，將來無論這個世界如何變化，孩子都能有一個安和、穩定、溫暖、有力量的內在，陪伴自己一輩子。

我感覺，靜坐也好、正念也好、冥想也好，其實正呼應著艾克哈特・托勒

（Eckhart Tolle）《當下的力量》，也呼應著文殊大士的偈語：

「若人靜坐一須臾
勝造恒沙七寶塔
寶塔畢竟化為塵
一念回光成正覺」

這首偈語，詩人周夢蝶老師曾經用毛筆抄錄贈我，我和孩子們一樣，學習靜坐，安頓自己，說不定將來某日也能，一念回光成正覺。

那就太美好了。

嚕嚕語錄

【手機店】

「爸比，我以後想開一家手機店，這是我的新夢想。」張小嚕興奮的說。

我問為什麼？

張小嚕說：「這樣我就可以一直滑手機了啊！」

【有名】

剛剛載張小嚕上學。

張小嚕興奮的說，爸比，你太有名了啦！

我問，怎麼說？

張小嚕說，剛剛有一家店叫「輝誠洗車」。

跋

再會囉，我的心肝阿母

親子教養，無可避免，一定會觸及生死議題，尤其是親人間的生死離別。

我小時候，疼愛我的外婆，因為嚴重中風被醫院移回三合院的祖廳等日子。父親讓我白天去陪伴外婆，我看著外婆凹陷的臉頰、微弱的呼吸，心裡有很多不捨和難受。外婆躺在祖廳沒有很久，有一天晚上，父親回來對我說，外婆過去了。父親只說了這句話，什麼話都沒有多說，我當時年紀太小，第一次接觸死亡，內心有許多害怕與恐懼，還有對阿嬤的許多想念和不捨。整晚，我完全無法入睡，各種情緒漲滿了我小小的腦袋。

如果當時，能有人告訴我，死亡究竟是怎麼一回事，該如何面對親人死亡，也許我就不會這樣害怕與恐懼，甚至還能夠將對親人的想念和不捨全部表達出來，讓親子之間的愛可以橫越生死、恆常的連結起來。底下這篇文章，就是我希望教給張小嚕的重要教養之一，如何用最深、最溫暖的愛去面對親人之間的生死離別。

阿母，出院了，要返來去囉。

雖然我阿母頂受著許多老人家常見的慢性病，糖尿病、高血壓這些有的沒的病，但是她相對勇健，平日依然可以自理生活，經常一個人搭公車在台北四處玩，從未住過院，也未曾開過刀。這次住院，還是她人生頭一回開刀。

我阿母長期服用糖尿病和高血壓藥，前後約二十年，腎功能隨著年紀增長逐漸退化、衰弱，前兩年已經瀕臨洗腎邊緣，醫生建議開始洗腎，幸好在我大姐同住陪伴的悉心照料之下，我阿母腎功能不降反升，又重回安全值之上，腎臟科醫師不再建議洗腎，反倒說再觀察一段時間。我阿母一聽不用洗腎，喜出望外，開心得不得了，我見她開心，自然也就開心得不得了。

我阿母不想洗腎，起因先父也是到了八十歲上下開始洗腎，洗了幾年便故去了。我阿母直覺認為，洗腎等於死亡，她告訴我說：「我就沒咧憨，洗腰子洗乎死喔。」我阿母不想洗腎，現在又可以不用洗，當然兩全其美。

我阿母又開開心心到處玩了兩年。

之所以說我阿母開心，是因為她的人生約略可以分成三階段：結婚前、結婚後和喪偶之後。這三個階段，前兩階段大抵是苦多於樂，但第三階段卻是樂多於苦，而且樂多很多、很多、很多。

我阿母心智年齡大約六歲上下，加上個性乖張，村人常常在有意無意之間施以鄙夷的神情與言語，如果不是遇到戰亂流離的老兵先父，我想我阿母這輩子應該不太可能結婚，即便結了婚也未必能幸福，最有可能的一種情況是獨自一人在偏鄉農村中貧困，孤獨以終。

但在台灣獨身一人的先父或許基於戰亂流離之中試圖尋找某種安定感、或者真切期待擁有一個屬於自己的家庭、甚至可能湧現傳宗接代的渴望，最後經人介紹和我阿母結婚了。兩人結婚後，先是語言不通（先父不會講台語，我阿母不會講國語）、加上大小衝突不斷（經常吵架，起因常是我阿母個性乖張），但是先父依然胼手胝足、咬緊牙關撐持起一整個家，養活了一妻四兒女，更買了一棟兩層樓的樓房，搬離了蔥子寮寄住外公家的三合院小側房，讓原本被蔥子寮人瞧不起的我阿母，頓時成為村人羨慕的對象：「阿葉仔嫁給外省仔尪，有夠好命。」然後先父更在有生之年竭盡全力保護我阿母、愛我阿母一輩子，對她不離不棄，最後臨終前，只對我交代一事：「你的母親再不懂事，終究是你的母親，你必得要好好照顧她一輩子。」（我阿母即便再不懂事，但她也清楚知道，這個世間上對她最好的人只有她外省仔尪，所以她對我說過好幾次：「以後我若是死囉，要叫你爸來接我，有聽到無？」）

先父過世之後，我謹遵遺命，竭盡心力照顧我阿母，同樣在台北買了一間房子，讓我阿母永遠搬離鄉下，然後每逢假日便帶著我阿母到處吃喝玩樂，一玩玩了十二年。直到我結婚，我的兒子張小嚕出生，我阿母又有了媳婦和孫子一起陪她到處玩樂，一玩又再玩了八年，幾乎台北走透透，台灣各地四處玩，也玩到國外，吃遍山珍海味、遊遍了名勝古蹟。有一回，舅舅的女兒結婚，蔥子寮人成群結伴搭遊覽車北上參加婚宴，看到我阿母的神色爽朗，又聽到她每個星期到處玩，無不投以羨慕神情。我阿母自然不曉得這些人前人後的今昔冷暖，她只是真心分享她的快樂和喜悅，村人也同樣發自真心羨慕她，但我身為她的兒子，內心有說不出的得意和爽快（即使我自己也知道這樣的心態並不好，但我阿母再也不會讓人瞧不起，我是打從心底驕傲）。

但是好景不常，我阿母腎功能又開始逐漸下滑了，先是她的腳開始積水，腫得連穿鞋子都穿不下，也就嚴重影響了她的日常生活。她再也不能如往常一樣，每天數趟出門去坐公車玩，但我阿母還是執意不肯開刀。我跟醫生說，如果我阿母不想開刀，就不開刀了。但我問醫生，如果不開刀，最後會怎樣？醫生說，最後會陷入昏迷，一昏迷，就必須緊急送急診、立即開刀、馬上洗腎。醫生尊重我阿母的意見，最後只加開了一顆利尿劑，沒想到我阿母吃了利尿劑，小腿積水居然順利排出，我阿母很開心，每天又獨自去搭公車玩，還有幾次跑來學校找我。

又過了一段時間，我阿母的腳又開始積水了，晚上平躺睡覺時都喘得難以入眠，手也偶爾抽筋抖動。醫生說，X光看來肺部已經積水了，最好開始洗腎。我阿母因為這回讓她實在太不舒服，愁眉苦臉，終於軟化，說她要洗腎。

四月十八日在萬芳醫院開刀，順利在右肩胛骨處置放了人工血管。十九日開始嘗試短時間洗（血液透析）一次，二十日、二十一日又各洗了一回，我阿母血液透析之後，濾除掉體內毒素和積水，她整個人變得清爽許多、精神相當好、胃口也好（又吃了她平常最愛吃的雞腿），她的可愛笑容又重新出現了。我們都很開心。大哥、大姐和我輪流到醫院照料她、也輪流夜間睡在醫院陪她。四月二十一日我帶妻和張小嚕去醫院探望我阿母，大姐正帶她到地下室剪頭髮，剪完後，整個人精神更加煥發。我們全家進到一樓的星巴克喝飲料，說說笑笑。**我請張小嚕牽一下阿嬤的手、親一下阿嬤，張小嚕說好，走過去靜靜握著阿嬤的手、然後再親吻了阿嬤的額頭。我阿母很開心。**

四月二十二日星期日早上十點，我到醫院和大姐換班，好讓她回家睡覺休息。正巧九樓病房整層樓施工打蠟，我姐已經帶我阿母在一樓大廳閒坐著，門診大廳空蕩蕩，沒什麼人。

我姐正在跟我阿母說話：「阿母，你足偏心，看到我哥或是阿誠，你就笑咪咪，若看到我，就面臭臭！」我阿母正想反駁，我正好從後面抱住她，親一下她的額頭，我阿母笑得好開心。姐說：「你看，我說的有影無！」我阿母笑得更開心了，緊緊拉住我的手。

大姐回去後，我推著坐在輪椅上的阿母到大廳旁的星巴克，點了一杯大奶茶、一塊巧克力蛋糕，我阿母又加點了一塊鬆餅。我阿母喝了幾口茶，慢慢吃著我幫他切好一小塊一小塊的鬆餅，我們輕鬆並坐著，我一邊整理前天和昨天張小嚕來看我阿母的照片，他牽著我阿母的手、親吻我阿母的額頭，然後記錄成文字，轉貼在臉書上。

到了下午兩點多，我阿母說她想回病房睡覺。我便推她回病房，她躺在床上睡了一會兒，我隔著簾子在她的腳前通道上看唐內拉・梅多斯（Donella H. Meadows）的《系統思考》，我阿母起來上廁所，我扶她去廁所尿尿，幫她拉下褲子、穿上褲子，她又回床上睡覺，睡覺前問我說，她什麼時候可以回家，她想要回家。我說應該是明天或後天。她聽了很開心，就上床繼續睡覺。

沒想到過了一分鐘，她又下床，撥開簾子，說她要尿尿，我說你不是才剛尿過嗎？她沒回答。我又扶她上廁所，拉下褲子、穿上褲子。再次上床前，我阿母突然很平和的對我說：「阿誠，你也來睏中晝，好否？」若是以前，我可能會說不要，跟她說我要看書，但是我想了一下，就說好。**我躺在我阿母旁邊的折疊床休息，我阿母臨睡前，我特地把早上臉書上張貼張小嚕握著她手的照片給她看，她看了之後，開心笑起來，我又往下滑另一張張小嚕親她額頭的照片，她看了，又笑了一次，然後她就睡著了**。

過了幾分鐘，我在睡眼矇矓恍惚當中聽到一聲、兩聲音量略大的打呼聲，我想阿母睡得這樣沉啊，但一下子打呼聲就完全停止了，我躺在小床上覺得怪怪的，便起來看看我阿母，我輕拍一拍她，但我阿母沒有反應，我趕緊按了床頭緊急按鈕，護士透過廣播問：「有什麼事嗎？」我不知道該怎麼回答，沒有答應，只是一直按鈕，一邊又輕拍我阿母，叫著阿母。護士趕來，我說我阿母好像怪怪的？護士一看我阿母，馬上大喊，扭頭衝回護理站，接著幾位醫生、護士推進各種儀器一湧而至，壓胸的壓胸、插針的插針、量血壓的量血壓、準備器材的準備器材，我問怎麼了？護士問我是誰？我說我是她兒子。我們現在正在搶救，請你走到一邊。醫生忽然轉頭問我：「請問家屬，要不要進一步搶救？如果要，要開始電擊，還有打針。但是阿嬤會很辛苦，也許可以再撐一兩天，或幾個小時。」

我趕緊打電話給大哥，我跟大哥說明情況，最後我說：「不要了，不要了，醫生不要了。讓我阿母好好睡覺，不要吵醒她了、請你們不要吵醒她了。」

醫生要我簽「放棄急救聲明書」，我抖著手，一邊簽字，一邊流淚。

醫生和護士開始撤離，醫生說：「阿姨現在還有一點心跳，但是已經無法供應全身養分，如果有家人要見最後一面，可以請他們現在趕過來。」我問醫生：「為什麼會這樣？」醫生說：「有很多可能原因，老人家心臟不好，開刀風險都很大，哪怕只是小小的一個人工血管手術。」

我抱著阿母，像以前我擁抱她一樣，我親了一下她的額頭、右臉頰和左臉頰，告訴她：「阿母，我足愛你，你好好走，免煩惱，我爸會去接你。」然後我的臉靠近她的嘴巴，讓她親我一下。我再緊緊握著她的手，打電話通知我哥、我姐、妻和張小嚕，等到大家逐一到來，親人們一個個湊近我阿母的耳畔，和我阿母說話，告訴阿母好好的走，無需掛念。**我讓張小嚕再親一次阿嬤的額頭，跟阿嬤說：「阿嬤好好走，記得往有光的地方走。」**

我阿母的心跳就停止了。

謝謝阿母。

我阿母是這樣體貼。到了人生最後一刻，她都希望是我陪伴在她身邊，因為她最喜歡和我在一起，她感覺好安心，因為我們一起玩了整整二十年，一起去過無數多個好玩的地方、吃過無數好吃的東西、看過無數好看的表演，一起笑、一起開心，她最愛她的小兒子，她臨走前還特地叫我從簾子外進來陪她一起睡，如果不是這樣，我一定會有遺憾吧！即使只是隔著一層薄薄的簾子。

謝謝阿母這樣體貼，也許她也知道接下來的頻繁洗腎，全家會一直受苦，她可以在自理又開心的情況下沉沉入睡，離開人間，不讓兒女操煩、受累，尤其在她入睡前，她看著我、看著金孫親她的照片，她開心的閉上眼睛。

最後我貼近阿母的耳畔，對她說：「阿母，我已經跟我爸講，我爸會去接你，他會好好照顧你，你不用緊張。」又說：「阿母，請你也跟我爸講：『阿誠有聽他的話，二十多年來，有好好照顧阿母，還有，阿誠也很思念他。』」

阿母，出院了，可以返去我阿爸的身邊囉。

再會囉，阿母；再會囉，我的心肝阿母。

這世人，我是你的心肝兒子；後世人，我也要再當你的心肝兒子。

國家圖書館出版品預行編目 (CIP) 資料

家庭裡的對話練習：張輝誠的薩提爾實踐／張輝誠作 . -- 第一版 . -- 臺北市：親子天下股份有限公司, 2021.09
272 面；14.8×21 公分 . --（家庭與生活系列；72）
ISBN 978-626-305-091-4（平裝）

1. 親職教育　2. 子女教育　3. 親子關係

528.2　　110015169

…的對話練習
…薩提爾實踐

…｜張輝誠
…輯｜王慧雲
…協力｜李佩芬
…對｜魏秋綢
…文、封面設計｜葉馥儀
…頁排版｜張靜怡
行銷企劃｜林靈姝

天下雜誌群創辦人｜殷允芃
董事長兼執行長｜何琦瑜
媒體產品事業群
總 經 理｜游玉雪
總　　監｜李佩芬
版權專員｜何晨瑋、黃微真

出 版 者｜親子天下股份有限公司
地　　址｜台北市 104 建國北路一段 96 號 4 樓
電　　話｜ (02) 2509-2800　傳真｜ (02) 2509-2462
網　　址｜ www.parenting.com.tw
讀者服務專線｜ (02) 2662-0332　週一～週五：09:00~17:30
讀者服務傳真｜ (02) 2662-6048
客服信箱｜ bill@cw.com.tw

法律顧問｜台英國際商務法律事務所　羅明通律師
製版印刷｜中原造像股份有限公司
總 經 銷｜大和圖書有限公司　電話｜ (02) 8990-2588

出版日期｜ 2021 年 9 月第一版第一次印行
2022 年 5 月第一版第四次印行
定　　價｜ 360 元
書　　號｜ BKEEF072P
I S B N ｜ 978-626-305-091-4（平裝）

訂購服務
親子天下 Shopping ｜ shopping.parenting.com.tw
海外．大量訂購｜ parenting@cw.com.tw
書香花園｜台北市建國北路二段 6 巷 11 號　電話｜ (02) 2506-1635
劃撥帳號｜ 50331356 親子天下股份有限公司